U0144547

文學叢刊之八十六

柯玉雪著

靈感與毒箭

——柯玉雪散文選

文史哲出版社印行

國家圖書館出版品預行編目資料

靈感與毒箭：柯玉雪散文選 / 柯玉雪著. -- 初版. -- 臺北市：文史哲, 民 88
面： 公分. -- (文學叢刊 ; 86)
ISBN 957-549-188-2(平裝)

855　　88000666

文學叢刊 ⑧⑥

靈感與毒箭：柯玉雪散文選

著者：柯玉雪
出版者：文史哲出版社
登記證字號：行政院新聞局版臺業字五三三七號
發行人：彭正雄
發行所：文史哲出版社
印刷者：文史哲出版社
臺北市羅斯福路一段七十二巷四號
郵政劃撥帳號：一六一八〇一七五
電話 886-2-23511028．傳眞 886-2-23965656
實價新臺幣三二〇元

中華民國八十八年一月初版

ISBN 957-549-188-2

姜 序

有人說：「靈感是一匹快馬，當牠靈光一閃，在你眼前出現時，應即出手將之抓住，遲了，就落空了。」

有人說：「靈感是天上的天使，當她來向你叩門時，你該急速去開門接待，晚了，她就掉頭走了。」

所以，寫作的朋友都說：「靈感來了，要加以捕捉，他像天邊的流星一樣，稍縱即逝。」

我寫作多年，經常半夜裡有了靈感，就馬上起床，不睡覺了，將「靈感」記錄下來，就怕第二天，再也想不起來了，徒呼負負。

但柯玉雪卻說：「靈感像毒箭，一旦被射中後，毒性在體內發作，必須將之化爲文字以後，才能平息。」

你覺得有道理否？

玉雪自民國七十二年開始寫作，迄今已過了十五個年頭了。十五年來，她參加徵文比賽，已獲得了十四項的獎勉與鼓勵，並且自八十一年出版了「錦瑟恨史」，八十二年出版了「廣播論叢」、「爬蟲與人生」，八十四年出版了「空大充電八年」，八十七年十二月出版了這本「靈感與毒箭」。她在文藝園地裡辛苦耕耘，收穫可說是相當豐碩的。

「靈箭與毒箭」是她八十三年十月間，發表在「臺灣日報」上的一篇散文，刊出後，文友們表示讚賞，她也就決定以它來爲本書的書名。

說起來，玉雪的寫作歷程，也是變化多端的。起先，她跟我學習寫劇本，後來又在臺灣師範大學、青年寫作協會、文建會辦的文藝創作班、中國廣播公司……等單位，接受散文、小說、現代詩、廣播劇……等的文藝寫作訓練，接受了不少知名的大師指導，什麼散文、小說、詩、劇本甚至評論，幾乎均有涉獵，……近一、兩年則趨向於小說之寫作，民國八十五年，她獲得國軍新文藝短篇小說的銅像獎：「形而上的必然」，民國八十六年，她又獲得短篇小說的銀像獎：「調音師」，民國八十七年，我鼓勵她更上一層樓，奪取短篇小說的金像獎，怎奈她因八十六年十一月進入「基督教論壇報」做記者工作後，天天忙於採訪、寫新聞稿，無法靜下心來創作，而放棄了。

記者的工作，上下班以後，有時出去採訪，精疲力盡回到家，還得用電腦打字趕稿，星期六、星期天也因有活動，需去工作，有時爲了加班，往往深夜九、十點鐘才下班，她往日悠閒的寫作空間，如今全給剝奪了，……一些常發表她作品的報紙，如「新生報」、「臺灣日報」、「立報」、「活水」、「青年日報」，都已看不到她的名字，等於運動場上的一名健將，突然，在跑道上消失了。

過去評審她作品的文輩前輩蔡文甫、段彩華、張放以及過世的朱西寧，……給她的鼓勵，等於天上的浮雲，都已隨風而去，不再發生半點作用了。由於這本書的出版，我殷切期盼，她能再接再勵，換上賽跑的釘鞋，繼續奔跑下去。

因爲寫作是一項沒有終點、長距離的田徑賽，比「一萬米」、「馬拉松」還長，若中途一停，就等於退出了比賽，那是十分可惜的。

名作家王鼎鈞說：「靈感是用不完的」，又說：「靈感是可以供人欣賞的」。因此，我希望「靈感」的「毒箭」，能不斷再射中在玉雪的身上，……這樣，我們就可以看到她更多的新作品了。

姜龍昭 寫於民國八十七年十一月廿五日臺北

（姜龍昭教授，爲國內知名戲劇家，現任教於輔仁大學，並爲中華民國編劇學會理事長。）

靈感與毒箭目錄

——柯玉雪散文選

靈感與毒箭

近日業師沈謙教授，要我寫一篇講稿，預備錄電視「教學節目」時，現身說法，談談我的寫作經驗，及如何捕捉靈感。

老實說，我從未捕捉過靈感，反而是靈感常常像毒箭一樣，時不時地射中我。一旦被射中時，毒性在體內發作，旁人看不到傷口，只有我自己感覺到那種痛楚、不安與深沈的震撼在內心激盪低廻盤旋不去，直到我將之化爲文字之後才能平息，所以，我的寫作過程，其實也就是療傷止痛的針藥，作品反而是副產品，我不必驚訝，常有熱心的女性讀者，也是好朋友對我說：

我在你的文字中看到傷痕纍纍。

是的，寫作是我的思考方式，也是我靈性的呼吸。這是我今生不能或忘的生活方式。曾經我對自己說：「你必須停筆，爲了有充裕的時間準備考試的緣故，你一定得控制自己，不要再花時間在寫作上面。」

好，我一定不寫了，一直到考試之後。

一個禮拜還沒到，我就忍不住又提筆了。問題不在手癢，而是日子難過啊！不寫，一旦被靈感的毒箭射中，日夜迴旋在那些無法忘懷的情境中，好像中了毒，而沒有治療一樣，整個人總是哪兒不對勁似的，往往沈到深深深不見底的憂鬱中，即使宗教的救贖，也無法解脫我這深不見底的愁緒。所以，我只好又寫了。

八十三年十月二十七日臺灣日報

淡水河畔憶馬偕

修「藝術概論」課時，班長代表同學向面授的曾老師要求：曾老師，您可不可以帶我們去參觀××畫展。老師沒有直接拒絕，卻說，在參觀任何展覽時，記住——要絕對孤獨。這樣比較能不被外物所擾，而深入展覽品的深層裏去欣賞。

好一個「絕對孤獨」。

最近有家傳播公司找我寫十九世紀末，自加拿大來臺灣北部傳教的馬偕博士（George Leslie Mackay）一生事蹟，預備在公共電視的頻道，以連續劇的方式播出。我除了研讀、收集其相關資料外，也在文建會及臺北縣立文化中心、淡水鎮公所及諸協辦單位舉辦「懷想老淡水」這個有意義的活動時，特別專程跑了一趟淡水，以便更深一層認識馬偕，找劇中人曾居住過的地方。這天沒有人作陪，想不「絕對孤獨」都不行。

「懷想老淡水」的節目繁多，有臺語歌謠比賽、陣頭踩街、淡水河邊看搬戲、淡水河邊聽音樂。……而我主要的目的，除了看古淡水之文物、風俗，當然是爲了淡水河畔展出的「淡水四賢人——馬偕、杜聰明、江文也、施乾」紀念展而去。

不料那天我不到九點鐘就抵達淡水，正得意自己起了個大早，可以避開交通阻塞。有一位可愛的年輕人對我說：「小姐，你來早了，所有節目要下午二點鐘才陸續展開。」眞是早起的鳥兒有蟲吃，早來的人兒有得等。

難得來一次淡水，利用這段空檔正好逛逛老街、古蹟、古董店，及馬偕住過的馬偕街。也順道品嘗一下淡水有名的魚丸湯、魚酥、阿給、阿婆鐵蛋等小吃。不要看這些不起眼的小東西，味道還眞不賴。原先以爲阿婆鐵蛋是阿婆賣的，不料所有賣鐵蛋的店，上面都寫著阿婆鐵蛋，並且賣的人也不一定是阿婆。這是一種回鍋多次的滷蛋，經反覆風乾，本來是渡船頭漁農聚集的小麵攤，那位阿婆所創的拿手菜，因味道大受歡迎，叫開了名號，其他商家跟著叫也學著做。

阿給呢？臺灣話似乎沒這種食物，名稱來自日本話的油豆腐。四方型油豆腐，中空塡入炒過的冬粉，由魚漿封口蒸熟而成，拌特製的甜辣醬，別有專屬於淡水的風味，據說老店在眞理街，目前淡水到處都有。

在淡水諸古蹟及小吃店晃了一上午，附近的觀光點都看了，回到淡水河畔，四賢人紀念展也陳列好，不外乎一些放大的黑白照片、附加簡短的解說，比我想像中還簡略，說不定一般遊客對詳細介紹不感興趣，所以有關這些賢人的著作，我先前到中央圖書館查閱、影印回家的比這些完備得多了。

馬偕博士一八四四年生於加拿大，二十八歲時來淡水開始傳教、教育、醫療等工作。期間歷經中法戰爭、甲午戰爭，治療傷患無數。他創建許多學校，作育英才。第二代馬偕創的「淡水中學」，日治時代是臺灣本土精英薈集之所，現今總統李登輝先生即是這所學校畢業。馬偕不僅學臺語、深入民間、娶臺灣土生土長的女子張聰明爲妻，且留心觀察、記錄臺灣之動物、植物、人文、宗教……，只要有關臺灣的事物，均細心加以研究記錄。著作「臺灣六記」一書，成爲研究臺灣史料的重要參考書籍。其畢生奉獻心力於臺灣，在臺灣走上近代化的過程上，有其不容抹煞的正面幫助。

走訪淡水之前，我曾花不少時間研讀十九世紀末的臺灣文獻，及與馬偕有關的史料。他濟世救人之熱忱，深深感動著我。當本地人向他丟石頭、用穢語叫罵、甚至潑屎尿，他仍繼續幫牙痛的人拔牙，這種超乎民族、宗教而願擴及全人類的大愛，正是中國儒家所講的「仁」，即佛家說的「忍辱」。

進入展覽時間，不時有成隊的學生，結伴同行。河面的小船跟著波浪晃動，年輕學子，你一言我一語，洋溢著青春氣息。也有爸爸、媽媽、阿公、阿嬤帶著小孩來玩。岸邊的椅子，坐著一對對熱戀中的男女，觀音山靜視此繁華，我不是千山獨行的旅人嗎？不是。當馬偕一生的事蹟在我腦海運轉，我又想起曾老師「絕對孤獨」的說法。

其實孤獨只是俗面上的，深層言之，我們空出孤獨的個體，好準備心靈的空間，預備神交先賢。如果這位賢人的精神，能把你感召，那麼他的精神，便與你長相左右，所以「絕對孤獨」其實應該是絕對不孤獨。或許那些成群結隊的人，才是眞正孤獨的，他們在一起玩樂，嘻嘻哈哈狀似融洽，一旦觸及內心世界，又有幾人眞能心靈相通？

只要是有血有肉的臺灣人，在研讀過臺灣史料，得知馬偕博士對臺灣的「寧願燒盡，不願腐銹」之貢獻，而他開創的事業，正由教會、醫院、學校持續嘉惠臺灣人民。那麼淡水河畔將不再只是賣小吃或情侶們約會的好去處，更是訪古追悼先賢的河堤。那淡水河的浪花，或許並不雄壯，已足以震動人的心弦，河面發出的音律，與紅毛城周圍的古蹟，都在訴說上一代的勤勉，而今有些雖已滄海桑田，卻不可不紀念先民創建之功，河水涓涓不停的流著，如當年馬偕博士低吟著他爲福爾摩莎（指臺灣）寫的一首詩：

我衷心所愛的臺灣啊！
我把有生之年全獻給你，
我的生趣在此，
我衷心難分難捨的臺灣啊！
我把有生之年全獻給你，
我望穿雲霧，看見群山，
我從雲中的隙口俯視大地，
正指遠眺波濤大海，遠眺彼方。
誠願在我奉獻生涯終了時，
在那大浪拍岸的聲響中，

在那竹木搖曳的蔭影下，

找到我的歸宿。

淡水自馬偕一八七二年三月九日登陸至今，逾二甲子，其間物換星移，淡水港度過其黃金時代（一八六二—一八九四）後，漸因淤塞水淺，地位滑落，盡失當年港埠風采，而馬偕所建的醫院、學校、教會，則歷經晚清、日據、國民政府，雖走過諸多艱險時局，依然欣欣向榮，有擴大而無縮減。日據時期「臺灣日新報」曾刊載一首南都氏遊淡水的詩，道盡了淡水這個小鎮與馬偕的關係：

面海依山小市街，溶溶江水繞庭階。

歐風向日開文化，到處人猶說馬偕。

八十三年四月十日臺灣日報

有些空大同學不免遺憾，啊！別的學校都能集體出去，看展覽、參加各種活動，空大偶爾也有，只是比較不容易集合，免不了有人加班或有事，我倒不是反對或贊成曾老師的絕對孤獨說，而是深感將與展覽主題相關之資料詳細閱讀後，再去看那些展覽品才是最重要的，有沒有人相伴則是次要。留下心靈的空間，熟悉史料、相關背景之後，當未作任何準備的人，只看到了一張照片時，我們做好萬全準備者，卻看到整個時代了。

信仰之路

直到現在，信仰基督教在中國社會，仍居少數。在民族情感與基督教文化彼此矛盾心理作祟下，我走過一段頗爲艱辛的信仰之路，願與「前瞻」的讀者共勉如下：

我生長在農村，家族三代均爲基督徒的家庭，祖父在世時是基督長老教會的長老；伯、叔多人，成年後分住全臺各地，各有所成，亦不乏教會之中堅分子，任長老、執事者也不少。母親的家族亦爲基督教，且有親戚服教職，當牧師。

像我這樣的家庭背景，按常理說，我應該是個極虔誠的基督徒才對，然而事實上呢？

在基督教的家庭，於我的感覺中，若不上教會做禮拜，就像犯罪似的，很可能要被家中老奶奶視爲魔鬼。所以我幾乎是每逢主日，必到教會，上主日學、背經文，爲老師心目中的優秀學生。只是，我每到一般學校上學，換了新老師，老師總會調查說，班上信基督教的同學請舉手。當我舉手時，常常發現，與我一樣舉手的同學，總是只有一、兩位，那時，我眞希望自己可以不舉手。

舉不舉手，及在同儕中被視爲異類，對我信仰之阻礙而言，只是小問題。更大的問題，是我接觸過許多中國有份量的古書，例如，史記、老子、莊子、儒家……等書之後，我更加覺得，自己是基督徒的身分，讓我覺得痛苦不堪，我得時時承受，中華民族文化與歷史情結，在面對自外國傳入之基督教文化之間，無法類同且相互衝擊的煎熬。曾經，我對自己說，假使我不是基督徒，假使我未生長在基督教家庭，那該有多好。

之所以會如此希望，主要是，每當我閱讀聖經，對其中某處有疑問，前去請教我所在教會的牧師，牧師往往無法回答我的問題，一次、兩次、三次……無數次均以再查證，及搪塞的態度對我，然後就沒下文了。

國中畢業後，我隻身離開鄉下的家，往臺南就業半工半讀，此期間，我仍繼續到當地教會做禮拜，也持續閱讀聖經，只是救恩未臨到，所以我亦常常不了解（所謂不了解，非文義上的不了解，乃指內心深刻之感悟）聖經所言爲何物。

讀完高等中學，我北上繼續讀空大。本我一貫追求精神之超脫，從十六歲起，我即開始寫作生涯。

民國七十五年底，我與主內的姜弟兄結婚，這是我信仰生活的危機，也是轉機。

老姜爲虔誠的基督徒，是卅八年來臺，三十幾歲才信主。他是編劇者，也是作家，愛好戲劇藝術與掌故考證。我是買他的書才認識他，而他的年齡比我爸爸還大。很多人不解，像我這樣，家庭中等，未結過婚且有工作能力的清白女子，何必嫁給像他那樣，離了婚，又有二子一女的中、老年人。在他與我結婚時，經濟負擔也不輕，子女教育費、前妻的贍養費……等，我娘家的親友對我的結婚，很不諒解。

當初我抱著悠遊文學領域的甜美幻想，有著夢一般的天眞情愫。我以爲只要躲入這個男人的懷抱，就可以什麼雜事都不管的，讀中國古書、練書法、彈鋼琴、聽歌劇、看話劇表演……悠哉游哉的做一切我想做、喜歡做的事。信仰之事，更是暫放一邊，雖也上教會，仍舊未能深明神的話語。

婚後生活並未如我想像中美好，相反的，是如煉獄般的苦刑。主要是姜的前妻，仍如她往常一般進出她以前的家。我覺得我上當了，我的夢碎了，那個男人也不是我想像中那樣，處處護衛著我。我怨自己恨自己怪自己，如果不是「文學理想」未實現，我想我活在世上是多餘的了。

到了婚後第五年，我甚至排斥基督教，因爲姜的子女們都信得虔誠，雖然他們對我沒有不禮貌，因他們母親常進出姜家之故，我覺得自己在這個家中雖有名分，卻沒有地位，且受壓迫，因而我想，既然是「他們的」上帝，自然不會保守我。加上我對佛教教義的喜愛，我開始轉信佛教。因爲我的人生如果沒有宗教來救贖，實在毫無意義可言，什麼男、女情愛、世間錢財、名利對我而言都是不具意義，事實上我是懷疑，在這世界上我們即使很努力，但又能抓住什麼？

拜佛唸經、吃素，我樣樣做到，也到達某種無慾的境界，只是夜晚睡覺常常被夢境所擾。我想這怎麼辦呢？又此時我兒姜杰，經常整夜咳嗽不止，於是我轉向基督，我決心給自己一個機會，然後就到教會做禮拜。在我二十七歲的某日，我坐在教堂裏，牧師在臺上滔滔不絕，我翻開聖經，心裏對神說，「祢若要我，就對我說話，也拯救我兒。」那天我翻的聖經，很奇妙的，每一節都是我以前讀過的，而今卻都全然明白其旨意，我淚流滿面，感到自己是得救了。

聖經腓立比書第四章、四、五、六、七節常給我很大的安慰。我心裏依靠神，就一無畏懼。因著禱告，神醫治了我兒姜杰的長年咳嗽，也給我莫大的信心。

於是我在處理家庭問題時，向上主禱告，求主引領。起先，爲了尊嚴的緣故，我決定離開姜家，帶著我的兒子離開。因爲正巧我娘家有位親戚，住在同一條巷子，她勸我，說：你看，人家老婆都還一直回去，你雖然是在他們離婚後才認識老姜，你早早走人，還她丈夫、還給她家吧！別不識相了。

是呀！都五年了，她仍依依不捨，我也該覺悟了，當我做好準備要離開，她的前妻來對我說，希望我不要走，因爲如果我是爲了她而離家，她就會變成毀人家庭的人，而自感良心不安。本來她仍執意懇求我，讓我允許她如從前一般進出姜家，且與她和平共處。但，那又置我的尊嚴於何地？

感謝主，解救我脫離原本煉獄似的生活，丈夫的前妻也是基督徒，她亦覺悟到要有新的人生，對她自己比較有意義，當她聽我說：「妳也有女兒，妳願意妳的女兒，有朝一日，萬一嫁了個離過婚的男人，而他的前妻也在她家進出如妳嗎？」之後大受感動，且從此將生活重心轉移，不再介入我們的生活。

我相信，神會給我最好的，苦難也好，折磨也好，都是一種造就。即使我的丈夫，在世人眼中並不是年輕女子的白馬王子。但，在我眼中永遠是最好的，我們精神上相知相惜，比縱情聲色要強上千百倍。在他鼓勵之下，我讀空大八年，已然畢業；且寫作不斷，已出了三本書。因爲他的緣故，我個人信仰之路，向前邁了一大步。現在他已退休，除了在學術、寫作領域繼續鑽研，有機會便及時向未信者宣講耶穌的道理，鼓勵人來信耶穌。而他的子女，亦都虔誠信主，熱心服務教會。每當我思及自己何德何能，有這麼多恩賜，我就忍不住要讚美——哈利路亞，榮耀歸我神。

至於民族文化情感，與基督教之矛盾處，在一次聽道，劉銘輝博士主講「從誤到悟」的演講中，有很好的闡述及啓示。慢慢體悟，中國人信基督其實也不必奇怪。（關於這次演講，主要是用許多實例，並針對中國人較難接受之觀點，如孝、罪、一神……等問題加以分析。）空大有「宗教與人生」這門課，我修過之後由學理印證，我們人類有正當的宗教信仰，其實對人生有正面的鼓舞作用，只要不迷信，不誤入邪教，宗教有益無害。

八十三年十二月五日臺灣日報

談姻親關係的調適

中國自古以來，最令男主人憂心的家庭問題，除了生計，不外乎婆媳間的相處是否和諧。事實上，現代人隨生活形態之變遷，姻親間的關係，不再像婆媳關係那麼單純了。尤其離婚、再婚及同居之比例日增，這些情況使得彼此間關係更複雜許多。

我自己是嫁給一個離過婚，且與二子一女同住的男士，在初結婚時很多親友每每問及，我如何與丈夫的子女相處，並表示關心，甚至爲我擔心。的確，一個未曾有過婚姻經驗的我，那段「婚姻適應期」過得是累，所幸如今已適應。雖經過漫長的六年，但，總算走過來了。固然這只是我個人的家庭私事，也沒什麼好值得說講的。只是，念在有許多婦女朋友，至今仍處於與姻親相處不良的痛苦中；尤其是阿英，離過兩次婚，如今又考慮再婚的一位朋友，頻頻問我，她該如何帶著兒子去與未來的丈夫的家人相處？我除了長嘆一口氣，說難啊，願將自己的一點點心得，與阿英及有類似情況的婦女朋友們當參考。當然，每個人所處情況互異，不可拘泥我所說的觀點。以下將我的管見，分述如左：

㈠**知道我是誰**：

這一點最重要，也最容易受人忽略。尤其是剛入門的新嫁娘，往往脫不了當小姐時代的嬌慣習氣，任性不改，一當起媳婦，要與公婆叔姑相處時，就有得罪受了。

㈡凡事先反省自己：

早在十七世紀時，英國著名詩人約翰但恩（John Donne）就說過「任何人都不是一個孤島」。在與人交接時，人際關係要良好，先要健全自己。確定自己的所做所爲，沒有虧待任何人。那麼，即使偶有誤會，他人一旦知道你凡事都先要求自己做好，不負人，也就不來苛責於你了。

㈢自然不需矯情：

有許多小說、戲劇描寫「後母」爲了取得前妻之孩子的信任，對那孩子百般容忍，甚至，那孩子做了錯事依然袒護著他。這種描寫，其實是很不好的誤導，後母也是人，也是長輩，也負有教導孩童是非善惡的責任。只要無愧於心，該如何就如何，不必特別縱容而淪爲矯情、失責。

㈣不必戀眷丈夫的錢：

許多婦女朋友，整天調查丈夫的錢藏到那兒去，是不是全額交出來家用。有的甚至爲丈夫沒有把賺的錢全數交給她管而不快樂，或疑心丈夫有外遇……等。

我是向來不管丈夫的錢的。有的人或者認爲這樣是「假清高」要吃大虧的。然而，我們要想清楚，究竟自己要的是什麼？然後就知道，管好我自己賺的錢，比管丈夫的錢要重要，而有意義得多了。尤其是二度婚姻的人，更須要認清這一點。

如果自己有謀生的能力，本身就有足以支配的金錢，相對的就有充份的自由。愛怎麼使用就可以理直氣壯的使用，不必處處受制於丈夫。那不是很好嗎？

較老的婦女，總停留在嫁丈夫，等於找到一個養妳的「長期飯票」。這對於現在女性而言，眞可謂是個神話。如果一個人，不管是男人、女人，要淪爲被別人養，那不是很可憐嗎？我想，大多數的婦女朋友，再不願當那樣的可憐蟲。

本身有經濟來源很重要，更要緊的是要讓配偶的親人知道，妳有經濟能力，並不是來依靠他爸爸賞一口飯吃的。

㈤禮上往來適當收給：

送禮物可以增進情誼，家人的生日是最好的機會。我丈夫的子女年齡與我相仿，已有經濟能力。他們也會送一些卡片或生日禮物給我，我當然也都注意在他們生日時，回送生日禮物給他們。所以，初入門的新嫁娘，最簡捷得到人緣的方法，便是記住與妳同住的家人的生日，適時送一份生日禮物。比平常的打招呼，更容易讓人印象深刻。

生活是很現實的，婚姻經驗常常給于女人痛苦與磨難。婦女朋友與其整天怨這個嘆那個，何不面對問題，認清妳嫁的絕對不僅僅是某某人而已，而是成爲那個家的一份子。如果不肯承認自己嫁的是她一家子，那，除非妳和妳的另一半，能遷到外太空或人煙杳然的深山去住。但，再笨的人都知道，那是做夢。

最後，我所要特別強調的是禮貌。

記得，結婚之初，丈夫對我說：「妳是他們的阿姨，可以叫他們幫忙做家事。」可是我很明白，雖是一家人，我又是他們的長輩，中國人論輩不論歲。但，我從結婚至今，未曾開口命令過丈夫的子女做什麼家事。若萬不得已時，我一定在央求他們之前，加一個請、麻煩……等字。這樣大家和和氣氣，我就算多做一些家事，勞動勞動筋骨而已，又有什麼關係，何必一定要什麼「公平分配」？

最令我欣慰的是，雖然我沒有叫他們做家事，但，他們都會主動幫忙。尤其在我趕寫劇本時，他們還義務自願幫我帶小孩。丈夫的女兒姜蜜，簡直把我兒姜杰當成個寶，沒事就暱在一起玩。杰兒的大哥個性較嚴肅，也很疼愛幼弟。尤其他二哥、二嫂—姜寧、維平童心未泯。常常帶杰兒去動物園、兒童樂園……等好玩的地方。現在他們因求學，而旅居美國亞利桑那州，還不忘寄杰兒最喜歡的動物變色龍、松鼠及他們的生活照回來，指明要給杰兒看，免得日後他回國，杰兒認不得他們了。

不論妳如何害怕複雜的姻親關係，女性一旦結婚之後，就要學習與配偶的親人相處。最適當的方式是，準備結婚之前，先將對方親友的習慣做一番了解，免得到時候適應不良痛苦不堪。儘管人性存有些許劣根性，但我們身爲女性，寧願抱持「我善待人，人必善待我」的處世哲學。在與夫家的親人相處上，我堅信只要我心存友善，週圍的親人，必以相同之友善回報我。

當一切協調、溝通、努力……似乎都無改善看起來很麻煩的姻親關係惡化時，希望婦女朋友暫時把注意力移轉到工作或其他方面。別讓自己一再陷入惡劣的情緒中。只有時間、及耐性，能證明，總有一天，你們的相處方式，將發展成一套彼此都樂於接受的模式出來。只是，不要急。因爲我就是這樣熬過來的。

八十三年三月二日「中國婦女」

《四書的智慧》讀後

拜讀王開府教授《四書的智慧》一書之後，我忍不住想將這本書介紹給諸位，尤其是愛好中國文化，或者是這學期修了中國哲學史的同學，不妨將本書當成寒假作業來讀。

爲何修中國哲學史的同學要讀四書？因爲四書是儒家重要經典，是中國哲學主流的命脈，可以說是基礎中的基礎，不僅在當代有其重要性，影響後世的中國哲學家的言論忒甚，不讀不可。

最顯而易見的，例如陸象山之學，據他自己說是「讀孟子而自得之」。學習者如果不先將孟子學說的義理弄懂，就奢望掌握象山的心學，否則可能會有所誤解而不符實際。

王教授用「以經解經」的方法，將四書中的義理有相關的部分「聯繫、互證」。例如在論語的智慧中「論仁」這一篇，將之分爲㈠「仁」的重要、㈡「仁」等於「愛人」嗎？㈢仁和其他德目的關係、㈣「仁」之難處、㈤如何爲仁？、㈥仁與聖，共六個小節來說明，使讀者讀之有一完整的概念。又例，書中「論君子」把所有談到君子的原文都條理分明引出來，不像讀一般傳統四書註解，多半按傳統編目。按原文次序編目也是一種方法，但讀起來比較散亂，有東一句西一句，抓不到重點之憾，也很容易掛一漏萬。而今按照義理引述疏解，非但每一獨立之概念清晰，且全書成爲渾然一體，讀者讀之自明其義。

此外，以「表解」的方式，呈現哲學條目及重要德目，也是對學習者很有幫助的便捷方式。更值得一提的是，《四書的智慧》之附錄，收編了作者多年教中國哲學的經驗及創見之作，其中「發問技巧在《中國文化基本教材》教學上的應用——思想方法訓練的教學示例」一文中談到，「聚斂性問題與擴散性問題」認爲，教師在教學時，可利用「擴散性問題」，來引起學生參與之動機，與討論之興趣，激發創造性思考，啓發使之心智成長，並培養思考之獨創性。

其技巧是：先提出非常擴散性的問題，然後逐漸收攏，往較聚斂性的問題移動，回到主題。

何謂擴散性問題呢？就是可以提出很多種答案，可以從很多角度加以解答，而且所提出的答案也都比較具有創造性及批判性思考。句型如：從……你注意到些什麼？如果……則會發生什麼事情？想像你是……，那麼你會如何？

從王教授書中學到增加擴散性問題之思想訓練方法，將之應用於基督教之聖經教學，發現效果非常良好。從去年開始，我擔任教會主日學老師的工作，也被票選爲女傳道會（教會中婦女團體類似姊妹會）的「靈修」，負責在每週聚會時，帶領與會婦女背一節聖經經文，並向她們解釋該句經文的義理。還要與傳道人及幹部們輪流，做約九十分鐘的「訊息分享」（類似演講）。

舉凡觸及到「道」的「理」，總使人們不易了解，更何況單純若兒童，知識上普遍較低落的一般婦女呢？應用王教授的擴散性「法寶」，帶他們自己進入思考的領域，只提供方法，不下結論。聽者的反應比我想像的還要熱烈。事實上這樣的教學方式，可提供所有國文教師很好的參考。

偷偷告訴諸位一個小秘密，當初我想讀《四書的智慧》的動機，主要是蒙「高人」指點，說，若要考某大之中（國）研所，國文考題偏重在四書，所以我前後花了一個學期的時間，才把這本份量不輕的書讀完，本來只是想從中抓一些可以應考的題目，當然這個目的也同時達到，沒想到有更多我意料之外的體會，其中最重要的是，這本書使我對儒家哲學因而有更進一步認識，而深深的喜愛。

起鈞師，生前曾對我說：「你是天生的道家。」那時我也那樣以爲，而今我自覺，其實我也可以是儒家，也可以在退一步海濶天空，休養數年之後，積極入世奉行有爲有守的儒家教法，把心中先見的理想實現於今世，不必一味的避世離群，追求思想的超越玄想。

誠如陳滿銘教授在序中所言：《大學》、《中庸》、《論語》和《孟子》，本來是各自成篇、成書的。其中《大學》和《中庸》，原爲《禮記》之第四十二與三十一篇，而《論語》和《孟子》則分別單行，受到學者的推崇。到了宋代，起先是二程子將《大學》與《中庸》從《禮記》中抽出，與《論語》、《孟子》並行，以「表章」它們，再經朱熹爲它們作章句、集註，通稱爲《四書集註》，然後由元仁宗開制度之先，將《四書》定爲科舉命題用書，於是不但成了學者研究孔學的要籍，也成爲一般讀書人所必讀的書了。

不管讀書的動機何在，《四書的智慧》都是值得一讀，而且是需精讀的好書。儒家的經典，是我們老祖宗留下來的智慧寶典，是屬於我們自己的。就讓王開府教授之《四書的智慧》，帶著我們領略孔門思想的精華。

等我們品嚐了這份心靈的饗宴之後，很難不認同儒家的「自律道德」承認「它是快樂的而非痛苦的。當我們自我實現之時，我們能成就人生最高之理想，而止於至善，一方面成就自己，一方面也成就他人，使整個世界成爲一有道德而圓滿之世界。此理想很高，但我們不能沒有理想，否則，我們人生會陷入種種現實之挫折和痛苦之中難以自拔。我們理想很高，能否實現沒有關係，我們往此方向走，就可以擺脫現實生活之中種種痛苦和挫折，充滿信心，非常樂觀的走下去，此種人生是值得追求的。」

八十三年三月三日臺灣日報

三千煩惱絲

上美髮院老早就不是女人的專利，現在連留長頭髮也不是女人的標誌。前兩年男歌星還常因頭髮太長，被禁止上電視，如今根本沒這回事。常常我們走在路上，看到前面留長髮的路人，一時無法看出其性別，有些男歌星像麥克傑克森、齊秦……等故意蓄髮以示與衆不同；女歌星、女記者反而把頭髮剪得很短，據說比較時髦。就頭髮而言，男女有別的時代，已成歷史。

社會風氣的開放，對女人來說是一種解放，對男人也是，因爲某些男人的確適合長髮，例如詩人管管，在他短髮的時候，由於其感情豐富，顯現在眼神，使人見了他的臉而有灼傷感。換了現在這樣的長髮，加以調和，比較溫煦不那麼熾熱，也更能散發他詩人特有的氣質。

我家大姊，不知道是遺傳或體質的關係，從小在額上的頭髮，有一小撮是全白的，連那一小塊頭皮也是白的。什麼藥都試了，擦的、吃的……都沒效。三姊於是給她取了一個「白一撮」的綽號。爲了洗刷白一撮的恥辱，大姊想到一個好法子，就是戴髮圈把那一撮白的遮住。可是她常戴髮圈，三姊又叫她髮圈小姐。啊，大姊氣不過，染黑那一撮白髮，燙一個新髮型，在額頭前形成一個角度，正好看不到那白頭皮。這樣三姊就沒詞兒可嘲弄了吧！不料新髮型才弄好，大姊想讓大家稱讚時，三姊卻到處在找東西。大姊問她，找什麼？她說：「找畚箕呀！不過我想不必再找了，妳頭上就有啦！」

倪匡在科幻小說「無名髮」中思考到頭髮的問題。地球上的生物千萬種，只有人在頭部生有可達體高三分之二的毛髮，而且這種毛髮的組織精密，每一根中間都是空心的，它的功能眞的只是「保護頭部」？那麼還要厚而硬的頭骨何用？是不是頭髮本有極其重大的功能，只不過地球上的人都失去了這種功能？

「無名髮」中指出倪匡想像中的天堂景觀：明澈蔚藍的天空，潔淨的空氣，清甜舒暢的綠水，柔和舒適的光環，柔美悅目的花草、建築。那裡的人，以頭髮作爲思想光波束出入的通道，任意轉換肉體，延續永恆的生命，全是不死的神仙。他們的每一根頭髮，有手指的操作功能，方便有效率，法力高強（科學進步）。他們永恆的生存在天堂上，而曾經在許多年前，與他們製造出來預備轉換的肉體——他們有了思想，而這思想逸出了神的進化程序，是神仙們在無數年代的進化後，已拋棄的原始罪惡思想——起了衝突。在一次會議後，決定把這一百多萬頭髮的功能被剝奪，智力接近白痴的罪犯遣謫到並不適合他們居住的地球上來，重新適應和進化，他們一代一代傳下去，由於遺傳因子的記憶，對天堂有模糊的印象，可是他們原罪的思想，卻一代比一代邪惡。只有極少數有突變的機會，忽然能夠適合天堂的生活，於是……

頭髮看起來很簡單，在小說家的筆下，卻如此繁雜功用無窮。聖經士師記中有一位大力士名叫參孫，他的敵人打不過他，因爲向來沒有人手剃刀剃過他的頭，他自出母胎就歸上帝作拿細耳人（註），若剃了頭，力氣即消失，但這個秘密只有參孫和他母親知道，敵人爲了除掉他，收買了一名叫大利拉的妓女，甜言蜜語探知他的秘密，利用他熟睡時剪去他的頭髮，參孫就淪爲囚犯……。

頭髮的魔力究竟是怎麼來的，不是科學所能理解的，現代人爲了保護秀髮，極盡其寶貝護髮的能事。從洗髮精、護髮素之廣告充斥，可見其盛況之一斑。

母親的頭髮因家族遺傳，很早就全白。有一天，父親與村民參加「臺灣一周」，到山地旅遊順便買兩罐茶葉回家。誰知道沖泡之後苦澀無比，簡直無法入口，在大呼上當之餘，父親就對母親開玩笑說：「用這茶葉沖泡之後洗頭髮，可以使頭髮烏黑發亮，不信妳試試，賣茶葉的人也這樣說呢！」父親這麼說除了開玩笑的成份，另外也是怕母親罵他，所以趕緊找來脫罪之詞，母親信以爲眞，每次洗頭髮都用泡過茶葉的熱水來洗，持續約兩個月，沒想她的白髮眞的由褐轉黑！

無論愛好自由的人士，如何提倡自由、爭取自由，人們所能有的自由仍相當有限，且僅是相對的自由，而不是絕對的自由。有時甚至連髮型都無法自主，我就是這無法自主的衆生之一。每次上理髮院剪頭髮，不管我要剪什麼髮型，理髮師他都有意見，最後剪出來的往往與我原本想要的不同。

如果我有絕對的自由，我一定會剪一個像我的老師沈謙教授一樣的小平頭，方便到那裡旅行都不必帶整髮器。老師的髮型是數十年如一日，我對他的尊敬亦然。可是當我向理髮師要求，我要那種「有點短又不會太短」的髮型時，與我蠻熟的理髮師就罵：「妳瘋了！」他非但未按顧客要求剪，還自告奮勇幫我設計他認爲最好的髮型，我一邊照顧他的生意，一邊還得聽他的「教訓」，「小姐，聽我的勸，年輕人還是保守一點好，別那麼前衛，弄得男不男、女不女的雌雄分不清，而且……」理髮師的一席話好像我做錯了什麼似的，只不過想要一個自己喜歡、又方便的、與以前不一樣的新髮型罷了。法律並未明文規定女性不得理平頭，但女性似乎仍無理平頭的自由哩！

註：拿細耳人Nazirite, Nazarite凡自獻於上主之人，不論男女，皆稱此名，當立誓於一指定時期中自獻於上主，自是即與人有別，然亦非遯世離俗，惟不飲酒、亦不於分居期中，食葡萄樹之產品，亦不剪髮，蓋留髮爲歸附上主之標誌。此外亦不得接觸屍體、致染不潔，雖至親之屍體亦然。迨立誓期滿，則至祭司之前，行規定之獻祭，剪其髮而焚之，於是可以飲酒。

八十三年三月十八日新生報

吃茶

「吃茶」二字，對一般人而言，可能沒有多大意義，對南臺灣的本省居民而言，卻是件別具趣味的婚姻禮俗。

五叔的長子育祺娶媳婦，在喜宴開始前，先請長輩「吃茶」，由新郎陪同，新娘手捧茶盤，依序向長輩敬茶，婆婆在一旁指導新娘，該如何稱呼。長輩在吃了茶之後，還得給一個紅包，新娘收了紅包，又用茶盤捧出一些手帕、襪子、香皀……之類的小禮物回贈致謝。

有趣的是在喝那杯新娘敬的茶之前，長輩得唸幾句吉祥話，例如：呷甜甜，乎妳明年生後生。也有人說：祝妳生的後生，做立法委員。也有的故意「考」新娘，應該叫某某人什麼稱呼。我們家是個大家族，新娘一時之間要認那麼多長輩的稱呼，有幾次叫錯稱呼了，大家就在一旁逗樂。

我的年紀比新郎大，也被列爲該吃茶的一份子，從整個家族排下來，我是第八，所以新娘喊我：八姊請吃茶。這是我第一次「吃茶」，覺得很新鮮，不過這項禮俗，因爲太麻煩，許多人都廢而不行，偶爾來一次，反而覺得有趣。

在臺灣，茶的發展呈多樣化，有一般家庭飲茶，健康茶、茶藝館、及泡沫紅茶……。「吃茶」，流傳到現在，已變成形式化了。因為我從新娘子的茶盤接過的那杯茶，根本不是眞正的「茶」，而是用汽水代替的「茶」。

八十三年五月廿日活水70期

年輕不是藉口

年輕是什麼？是一股向上努力以求實現理想的衝勁，即使粉身碎骨也在所不惜。年輕是什麼？是不肯向困難低頭的勇氣，也是熱血沸騰狂放無所畏懼的時代。

常看到許多老年人，對著自己年輕時的照片發出一陣嘆息，訴說著當年種種，他們是讓年輕留在照片上的一群，也是不知把握時光的一群。

在一次登山的途中，遇到一隊年齡頗大，而臉色紅潤個個有活力有朝氣的老人隊，雖然名之為老人隊，然而他們的活力，似乎給人示範一種旺盛生命力的展現，想必他們各個都有年輕的心境吧！他們不願把年輕只留在照片上，而願在每一天活出年輕，並且把握住每一分每一秒的時光。

少年老成是最可悲的，明明是年輕人，卻死氣沈沈，一點活力也沒有，那麼等到眞的老到動彈不得，那一天，想要動都動不了，才來懊悔，恐怕就太晚了。

年輕人年輕是理所當然的，如果年紀大的長者不安份學時髦，恐怕就貽笑大方了。學時髦不過是行爲上的膚淺，沒什麼大不了，最怕的是臨老入花叢，弄得晚節不保不要緊，已婚男人或女人在外發展婚外情，早晚要鬧家庭革命。如果當事人是知名之士，免不了成爲各大報章雜誌，爭相報導的熱門新聞。

文學史中漢賦的名家司馬相如，以一曲《鳳求凰》琴曲，贏得新寡美女卓文君的芳心，二人私奔。及後相如受武帝重用，官拜中郎將，文君之父乃地方富豪，曾二次分家財給文君。

相如既得卓家財產，家道富足，不慕爵祿，往往稱病閒居，在旁人看來，他大可逍遙自在，誰知相如素性好色，自得文君，患了消渴之疾，意猶未足，又想聘茂陵人家女兒爲妾，使得文君悲傷不已，幾乎要鬧家變。

對司馬相如的情，使卓文君在年輕時，不顧名譽道德與之私奔，曾令父親痛恨至不分家產給她，及後待相如功成名就，父親原諒她的私奔，且分了豐厚家產，心上人卻嫌她年老，怎不叫她悲憤，遂作《白頭吟》以示與相如決絕，詩如下：

皚如山上雪，皎若雲間月，聞君有兩意，故來相決絕。今日斗酒會，明旦溝水頭，躞蹀御溝上，溝水東西流。淒淒復淒淒，嫁娶不須啼，願得一心人，白頭不相離。竹竿何嫋嫋，魚尾何簁簁，男兒重意氣，何用錢刀爲？

好一個願得一心人，白頭不相離。不知是否文君這首〈白頭吟〉太感人，或者老丈人給妻子豐厚家產之緣故，相如終究未能如願實現他聘妾之夢。

年輕不是不懂事的代名詞，也不是胡做非爲的藉口。實現理想之衝勁很可貴，如若此理想是不道德的偏差行爲，那麼這股可貴的衝勁，就會淪爲衝動、妄動，而受人非議了。總之，不管年齡多大，人們都可以保有一顆年輕的心，不過最好別以年輕爲藉口，做一些輕薄的事，而不願爲其後果負責，那麼這樣的年輕，才眞的會叫人粉身碎骨，而且悔恨連連。

八十三年八月二日臺灣日報

人生不是拳擊賽

俗語說：「人比人氣死人」。好與人比較，是使人活著無法快樂的最重要因素之一。在官場，比權勢大小；上班工作時，比職位高低；家庭主婦之間，則比丈夫賺錢多寡，小孩成績……等。

這個要比那個也要比，眞的能比出個結果嗎？其實跟他人比，往往是比上不足、比下有餘，實缺乏客觀有效的準則，至喪失立場，觀點受混。跟自己比，以個人經歷紀錄爲指標，激發努力向上之意志，對個人的人生，才有積極進取之意義。

研究《文心雕龍》的學者沈謙教授，曾說：

「田徑好手，只要自己努力，跑得快，跳得高，擲得遠，就可以破紀錄，贏錦標。不像拳擊高手，一定要千方百計，設法將對手擊倒、擺平。」

的確，人生就像田徑賽，而不是拳擊賽。

與自己比，只要有進步，就有快樂，與別人比卻易生嫉妒不平之心，把自己弄得心裏不平衡，一

八十三年六月二十五日臺灣日報

（本文八十三年九月蒙「華航雜誌」轉載）

點也不快樂，又何苦來哉？

勿淪爲情慾的奴隸

情慾是最最害人的，得一時肉慾之滿足，常常要付出很昂貴的代價，包括金錢名譽、精神、家庭成員、夫婦關係之受害無從估計。

讀書求學的時候，最忌諱的就是談感情，當然我不是要大家「無情」，而是在求學時，最好能暫時，將感情放一邊，否則，也該適當的自制，勿讓情字誤了學業。

所謂「發乎情止乎禮」，能以禮來約制，是最好不過了。

然而人非草木，孰能無情，但是情若太濃，濃得化不開，或對象弄錯，形成社會道德所不容許的濫情，這樣不正常的畸情，往往是自害害人。像前陣子鬧得很大的新聞，有一臺灣商人在第三國金屋藏嬌，與大陸妹在海外另築愛巢，臺灣的妻子情海起了波浪，氣不過……最後該大陸妹陳屍住處，以悲劇收場，本來好好的一個家，弄得家破人亡。

空大教材「人生哲學」在談到痛苦與孤獨時，說，人爲什麼會有痛苦？

主要原因就是因爲人是一個靈肉的綜合體，如果人祇是一純粹的肉體而沒有理智、靈魂的話，人的痛苦可能會少一些；也可能這些痛苦，祇限於一種本能上的痛苦，就如同禽獸一樣，牠們祇要獲得本能的滿足，基本生存的需要就夠了，其它一概不管。

人既然有肉體，就有情慾之需要，但，人的心靈厭惡肉體的這種需要，縱有高尚之修養與情操，卻時時受肉體之慾望的牽絆。如何才能超脫情慾，超脫情慾加諸人的痛苦？基督教聖經上說：「總要儆醒禱告，免得入了迷惑，你們心靈固然願意，肉體卻軟弱了。」佛教「戒淫輯證集」中，夢醒居士收編了很多情慾害人的故事，及不貪女色積陰德得善報的歷史。其中附錄的「四覺觀」、「九想觀」，我覺得很有參考價值。

大體上人們受困於情慾時，男的想女的，女的念男的，生生死死、死死生生，男男女女，糾纏不清。當愛情衝昏了頭，生死榮辱、名譽地位……都全數拋諸腦後。如果因緣際會，能成就這段姻緣，郎情妹意皆大歡喜，那也許是前世修來。萬一不巧，你愛他不理，他愛她又不樂意，或相愛的無法結合……或者是你愛的對象已是使君有婦、羅敷有夫，那「四覺觀」與「九想觀」就派得上用場了。

四覺觀分別是「睡起生覺」、「醉後生覺」、「病時生覺」、「見廁生覺」。就是把要使人陷於情慾之迷惑的對象，想像成剛睡醒未梳洗、醉後嘔吐、生病流膿血及滿身都是臭大便的醜樣子，自然心生厭倦不願靠近，也不會因而受害。

九想觀包括：新死想、青瘀想、膿血想、絳汁想、蟲噉想、筋纏想、骨散想、燒焦想、枯骨想——想想看即使是天下第一美女、美男子，剛剛死、屍體變黑、肉腐爛、黃水臭水流出、蟲來咬、筋肉交纏、骨頭散開、火燒焦縮、變成枯骨一堆——哇，那樣子多麼可怕！一這麼想，拔腿逃跑都來不及，自然不會淪爲情慾的奴隸。

中國人常講：「利令智昏」。其實情慾也是令人智昏。古中國允許男人三妻四妾，幸好這種時代已經過了，不過仍有些男男女女自命風流，其實是下流的大玩成人愛情遊戲，那是無品無德的，我們讀書求學，除了獲得知識技能，更重要是要陶冶品德，切勿淪爲情慾的奴隸，貞潔對男人女人一樣可貴，不要錯把下流當風流。

八十三年七月二十八日臺灣日報

溫良的舌

箴言第十五章第四節——溫良的舌，是生命樹。乖謬的嘴，使人心碎。

如何說話是一門很大的學問，同樣是一句話，說得好、說得恰當，足以令人感激；說得不好，說得刻薄，其殺傷力也無法估計。

中國的民族性崇尚溫良敦厚，言語刻薄字字傷人的說話，並不受歡迎。心存厚道，鼓勵勸勉才合乎社會期望。溫良的舌，有助於改善人際關係；乖謬的嘴，除了使人心碎，也易爲自己樹敵，徒增不必要的困擾。

好也是一句，壞也是一句。與其刺傷人，不如鼓勵人。箴言是神賜給人智慧的話語，若不用心體會，知義勉行，豈不白浪費此大好恩賜？

八十三年七月十四日臺灣日報

艷麗是虛假的

才德的女子很多，惟獨你超過一切，艷麗是虛假的，美容是虛浮的。惟敬畏耶和華的婦女，必得稱讚。

—箴言第三十一章二十九、三十節

美的定義很難下，且言人人殊，美女的定義更難下，且每個人欣賞角度都不同。近年來臺灣地區又恢復選美—選中國小姐。世界各地區也不斷的有選××小姐。然而這些被冠以××小姐頭銜的，眞的就是最美的嗎？

外表的美是短暫的，隨時光而稍縱即逝，唯有內在美才是眞正可貴，值得讚頌稱揚的。敬畏耶和華的婦女，遵守神的道，行上帝眼中爲正的事，就是最美的。以三圍爲標準來選美，不如以才德、智慧、氣質爲標準。

八十三年七月十日臺灣日報

父親的叮嚀

一年一度的父親節又來了，有人送禮物、有人請父親吃大餐，除了這些物質上的孝敬之外，我願更加儆醒遵奉父親囑咐。因爲唯有遵父親的旨意而行，才是最高的孝親之表現。

在我要報考大學的那一年，父親就對我說：你的姊姊們都沒有讀到大學，你讀大學以後，不可以輕視她們。

那時我十七歲，大概是很驕傲吧！否則父親爲什麼會這樣千叮嚀萬交代我，不要忘記謙虛的道理。其實我常常說驕傲有三種：「一是不知天高地厚式的，二是自卑感作祟，三爲自信的表現。」我十七歲時的驕傲是不知天高地厚式的稚子之驕；現在，如果說自己「一點也不驕傲」，這句話其實就是一句驕傲的話，所以，如果我還有一點驕傲，那麼希望是自信的表現。

十六歲是我人生的一個轉捩點，因爲那一年我認識了在師大教中國哲學的張起鈞教授，並常常經由通信方式向他請教問題，從他「悅樂的人生觀」一文中，我開始一系列閱讀他的哲學著作，包括「智慧的老子」、「大漢心聲」、「中國哲學史話」、「儒林逸話」、「文化與哲學」、「南華眞經正義」……，甚至他的「烹調原理」。由於不斷的閱讀與思考，我經由他引導而開始認知自己內在的潛力，並在他鼓勵下開始投稿。於是我有了天眞的驕傲，甚至覺得張教授是我靈性之父。

二十六歲是我人生另一個開始，那年我已婚後讀空大第四年，一直在寫作之路摸索前進，參加青年寫作協會與文建會合辦的小說研究班，因爲有位同組的同學抄襲我的小說，拿到報上用他的筆名發表，而與帶我們這一組的小說家林耀德先生，尋求解決之道，得以認識課堂外的小說家。

也許是命運之神安排好了，看到林耀德先生使我開始反省自己。爲什麼？因在很多地方他的思考與我呈反方向思考，從數次的作品小組研討會中，我發現林耀德先生在文學上的見解與表現有其可取之處，其實他才大我兩歲，然而已經著作等身。雖然他的書賣得不暢銷，但像「惡地形」這本小說，文壇人士給予他很高的評價，其他許多得獎之作，就略去不談。

爲什麼？爲什麼？爲什麼？

當我發現一位只比我大兩歲的人，成就遠在我無法企及之上，我不斷問自己爲什麼爲什麼爲什麼，經過一連串急速反覆思考，我有了一種受到當頭棒喝之感。在一次課堂上，我發問了一個問題，林耀德先生回答我說……，你若那樣認爲，豈不是相當不智嗎？

「不智」！對了，我以前之所以無法掌握自己最起碼的生活，就是因爲自己不曉得自己的「不智」。我回到家又做一連串的分析與思考，我開始除去驕傲的防衛外衣，因爲我知道，無法認清自己的不智之處，是我最大的學習障礙。如果只是一味的努力、下苦功，而不願意放下佛教所謂的「我執」，那麼要往上進步是很難的。

父親要我不要看輕姊姊們，要謙虛，即使是最微不足道的小人物，也有他可敬之處，我在體認到自己的不智之處以後，終於完全明白父親說這番話的苦心。

若要問父親這一輩子有什麼遺憾，我想他最大的遺憾是沒有兒子，只有生下我們姊妹五人，我是么女。雖然父母都很疼愛我，但小時候，我常常為自己不生為男兒身而懊惱，甚至有點罪惡感，覺得這樣不符合期望的出生，是一種上天的懲罰。因而處處不認輸，想與男兒郎一爭長短，現在回想起那樣幼稚的心態，自己都覺得好笑。

人總有擺脫不了的命運，唯有虛心努力，向自己看好又確實可行的方向前進，才能有所成就。這是老爸的交代，也是我樂於遵守的。希望同學都能記起父親的叮嚀，並時時遵守父親的教誨，這才是孝親的最高表現。如果可能的話，願誠徵會說臺語的乾哥哥一名，送給父親當乾兒子，這樣我父親這一生應該就沒什麼可遺憾的了。只是不知道這份父親節的禮物，要那一年才送得成。

八十三年八月八日臺灣日報

爲了三甕破布子

父親種的「破布子」（註）快收成的時候，鄰田種稻子的村民外號「白雞」家的田燒稻草，火勢沒有控制好，蔓延到父親的田裡，把破布子烤得焦黑，損失不貲，收成大受影響。

白雞找人作陪，到我家來主動要賠給父親一萬七千元，補償損失。父親所受的損失不止這一萬七千元，但收下補償金之後，就給白雞三甕破布子，說那三甕歸他採收，雖然已燒焦黑掉，也表示我們不是白白拿錢的。

可是過了採收期，白雞還不去採收那三甕破布子，故意拖延，且說我們又沒規定他什麼時候採收，等他採收時，因爲都被他引的火燒黑了，他心裡可能很懊惱，有幾棵沒採。父親以爲他不要了，就把所有破布子樹毀掉，準備整田，改種甜玉米。

白雞看到父親把破布子樹砍掉，就找了一些人壯聲勢，到村長那兒，要求父親把錢退給他，因爲他不答應那三甕破布子這麼快就砍掉，父親說：「白雞是不捨得那一萬七千元，才用的小人步數。」爲了不讓那白雞老是找麻煩，他眞的把那一萬七千元還他，大家相安無事。

農人的收成本來就得一半靠天幫忙，能賺的利潤很有限，再加上天災人禍，或同時太多人種，產量多賤價求售，工廠銷不了，那時更是叫苦連天，爲了三甕破布子，明明是白雞的錯，如今卻又翻臉把錢要回去，這一季，父親種那區破布子，可以說賠錢了。我實在很爲父親抱不平。

父親另有一番見解，他說：「大家都是同村的，而且田地緊鄰在一起，常常要見面，雖然對方理虧，既然他不甘心給賠償金，就算了，多拿那一萬多塊錢，也不會因而變富，就當是生一場病吧！」

大姊贊同說：「是啊，多一萬七千與少那一萬七千，我們都活得好好的，反而是萬一眞的生了什麼重病，也許十萬八萬也醫不好呢！」我實在不太同意這種鄉愿式的作風，只是又能奈何？眞的要去告，去吵，去結怨，去抗爭，那多傷精神，還不如多留點體力，準備下一季的下種，希望有好的收成。

八十三年八月十七日臺灣新生報

註：破布子爲一種植物的果子。

甜蜜的負擔

有人說女人的衣服永遠少一套，其實父親的田地，也永遠少一塊。

俗話說：無事不登三寶殿。父親則是：無事不打電話。離開父親身邊十三年來，父親只給我打過兩次電話。每次接到他的電話，我直接的反應都是既驚且喜、而後是憂愁。因爲他第一次來電是問我要不要買田地？第二次來電（在第一次來電數年後）還是問我－要不要買田地？現在有人要賣。

第一次接到父親來電，我驚訝，父親居然主動打電話給我；我欣喜他終於比較像一般的父親，知道利用電話關心子女了。一聽他要我買田地，我不得不發愁，錢從那兒來？

最近，父親又來電（即第三次）詢問，要不要買田地？其實他的語氣中，含有妳該買一塊地！及我多麼希望妳買一塊地的引申意。我想，上次他講要買地，結果未談攏沒買成，這次大概也不容易談成，就爽快答應，支持父親買地。其實我心裏也矛盾著，近幾年來，我省這個摳那個，一點一滴的，把稿費（主要是寫劇本所得）及獎金（參加各類徵文所得）存起來，無非是希望有一筆款子，等明年大學文憑一到手，就好好考個中文研究所專心讀書，或者到國外遊學時，可以無經濟缺乏之慮。

然而，父親並不認爲求學是那麼急迫的事，而土地今天不買，隨時都會後悔，因爲它漲的很快，很可能到時候就買不起。至於讀書求學則是隨時都可以進行的，慢慢唸，反而能唸得更紮實。母親的態度，更令我費解，她平常爲了一點芝麻小事，都可以跟父親嘔上老半天的氣。如果有人這時跟她提到買土地的事，她馬上加入研討，立即忘了自己正在生氣。

不是我不實際，那是一種嚮往，假如我有一塊地，在鄉間。我要蓋一間古樸幽雅的小屋，屋旁挖個魚池，種些花木，造幾個小涼亭，有假山更好，像蘇州拙政園那樣就成了。沒事在亭子裏看看書，練練毛筆字。或約三五好友下棋聊天、品茗、飲酒、聽音樂……。而且庭院入口處一定要有一對石獅子，用白玉大理石雕的石獅子……。

「無效」！做那個「無效」！要種西瓜或稻仔比較好。

未等我全部說完我的「計畫」，父親就用斬釘截鐵的一句「無效」—（臺語指沒有用），把我的夢想擊碎，叫我回到這個我不喜歡的俗世間。

由於溪洲村民三良仔的兒子，要開茶葉行急需現金，以每分地九十萬的價錢，將那塊三分六的田地賣給父親，當我得知田地買成之後，擔心一部分貸款到時候付不出來，而竟夜無法成眠時，我還是想不透，爲何父、母都已年過六十，卻仍熱中買田地，難道他們眞的那麼愛種田，原有的田不夠種非要再買田不可嗎？

姊姊們比較了解父親的心情，父親之所以一直要買田地，主要是爲了「名聲」。他雖沒有兒子，但，他要親友們瞧瞧，他的女兒，多麼有辦法，照樣可以回鄉買田。

本來，我正爲著不能安心讀研究所，而氣惱自己答應得太快，把數年來的積蓄全投入買田。知道父母親因爲能買田而感到光榮欣慰時，我一點也不惱了。因爲那是值得的。想想，買田能夠增進父母鄉居生活的樂趣，我辛苦一點又算得了什麼？今後，爲了償還田價貸款，我在堅持研究學問之理想外，仍要努力工作才能勉強支付。這的確是頗爲沈重的負擔。可是一想到父母親爲著女兒能買田，而泛起發自內心的笑容，我在工作疲累之時，總是不斷告訴自己，撐著吧！這雖然不輕鬆，甚至很苦，卻是項甜蜜的負擔。

八十三年十月二十七日臺灣日報

西洋歌劇與我

每當杰兒發現，我又播放西洋歌劇音樂，凝神聆賞之際，他便好心好意的給我忠告——你又在聽瘋子唱的歌啦！小心聽久了，自己也變成瘋子哦！關掉，我不愛聽。

一開始認爲他的童稚之見眞可笑，仔細想想，他似乎並非全無道理。

舉普契尼（PUCCINI）歌劇「蝴蝶夫人」來說，女主角日本女子蝴蝶嫁給美國佬平克頓之後，生下一個孩子。平克頓負心，回美國不久即另結新歡。丈夫一去不復返，蝴蝶過著悲慘的日子，惟尙有孩子堪慰藉，母子相依爲命。誰知平克頓某日忽然從美國，帶了新夫人同來，想要自蝴蝶身邊，將孩子帶走……。

像蝴蝶一樣，柔弱貞潔的典型東方女子，遭遇丈夫變心，又將失去親生兒子，能不難過嗎？所以她所唱出哀痛的咏嘆調：「我的寶寶天眞可愛，你可憐的媽媽爲了使你了無牽掛，只有走向此途……」最後，自己拿著小刀走到屛風後面，管弦樂一陣緊張，蝴蝶以浸血的白布，壓著喉嚨，一搖一晃走出，用最後的餘力抱住孩子，然後倒下。

或許，批判蝴蝶這樣已成淒美之典範的東方女子，對劇作家不公平。不過，以現代女性的觀點來看，蝴蝶將自己生養的孩子拱手讓人，還走上自裁的歧路，那不是瘋了是什麼？只不過她對愛情抱持「寧爲玉碎、不願瓦全」的心志，頗令人同情罷了。雖然身爲現代女性，無法認同蝴蝶軟弱的行爲，但，因個人也曾在感情的路上，遭受一些曲折，對她唱的曲調，除了由衷報以同情之外，每每有觸動心弦的感動。這種感動之釋然與喜悅，天眞的杰兒，未經人世苦難，怎能會意？所以他只願接受，類似「小美人魚」中，魚族們所唱的歡樂歌曲。

上帝是公平的，給人苦難時，同時給人訓練能力的機會；給人享福時，同時也剝奪他許多鍛鍊技能，享受人生的機會。

中國清末科舉考試，至少要背四書五經，才能考秀才。秀才是俗稱，正式名稱叫生員；有了生員身分才能考舉人。考舉人每三年一次，都於農曆八月初九進貢院，要在獨房裏住七個晚上，一直到八月十六日才能出來。這時平日嬌生慣養的公子哥兒，書僮、丫頭不能進去侍候，且只能吃乾糧充飢，眞是叫苦連天。而窮苦人家的考生，卻不覺得有什麼苦可言，而能從容作答。

又如現今有些被寵壞了的大專男生，從小媽媽把他捧在手掌心，捨不得他這樣，也捨不得他那樣。等到上成功嶺受訓時，軍中的磨練，即使並未像戰時那般訓練嚴格，卻已令他們苦不堪言。某位鄰人的長子在軍中受訓，他媽媽前往探視，回來後以很難過的聲調對我說：「我兒子看到我去，眼圈一紅眼淚就掉下來了……。」聽了她的訴說，除了安慰她也不能說什麼，不過我實在很想罵她：「妳兒子會這樣，還不是妳害的。」

許多人聽不懂歌劇，也不願聽歌劇，那是他們太幸福了，不然就是缺乏音樂素養與研究興趣，而受過苦難、折磨因而喜歡西洋歌劇的人們，難道就不幸福了嗎？不，我們有另外一種不可言喻的幸福，於是我對杰兒說：「當你喜歡聽瘋子唱的歌時，你就長大了。」

八十三年八月一日臺灣日報

擺脫纏累

我們既有這許多的見證人，如同雲彩圍著我們，就當放下各樣的重擔，脫去容易纏累我們的罪，存心忍耐，奔那擺在我們前頭的路程。

——希伯來書第十二章第一節——

不管做什麼事情，都會遇上大大小小的阻礙或不順，這些阻礙、不順常令我們心煩意亂，使得原本想做的事，無法如期完成。基督教講「罪」，就如同我們一般所謂的世俗之誘惑，也就是那些容易使我們的心志沈淪，偏離眞理轉向物慾的力量，這些名韁利鎖及不純正的邪惡思想，都是阻礙我們求學的阻力。

「陽明全書」卷一：

凡可用功可告語者，皆下學上達……，從下學裏用功，自然上達去，不必別尋箇上達的工夫。

持志如心痛，一心在痛上，豈有工夫説閒話管閒事。

持志求學若能眞的如陽明先生所言，如心痛一般，一心在痛，那麼還有什麼學業是完成不了的呢？讀空大快則五、六年，一般情況則七、八年，慢的要十年才能畢業，但讀幾年才畢業並不重要，重要的是在這些年中，我們立志求學，如何擺脫那些纏累我們身心的雜務，好好讀一些書？如何增長靈性，增加學識？

除了一心在求學，存心忍耐別無他法。因爲圍繞著我們的許多，我們不想做的事，並不會因爲我們不想做，就可以不去做，如果不能完全擺脫這些俗務，至少也時常要騰出一段時間，規劃爲完全屬於讀書求學的時間，忍耐些許不便，此乃求學的「方便法門」（借用佛家語）。

八十三年九月二十日臺灣日報

佈施

物質富有的不愁吃不愁穿，他還會有煩惱嗎？當然會有，而且比窮人的煩惱更多。他第一件要操心，自己的財物會不會被偷被搶，躭心害怕之餘，還要想辦法來排遣寂寞。

當一個人不必為生計奔波時，得到自己以往所追求的目標之後，也就是人們所擁有的錢，超過你所需要的那時，人們往往會發現，他所得到的，不再是他所要的。

曾有位巨富，對他的鄰居，也就是我們教會的何牧師說：「我好羨慕你，生活很充實，不像我天天就做一些交稅、計算利息、處理產業問題的無聊事。」

無怪乎佛教要勸人佈施，把自己多餘的財物，分給窮人及需要者，這表面上是給予，其實是獲得，獲得更多時間充實內在的靈性生活，而不必為物慾之事紛紛擾擾，反而內心空虛。

八十三年九月四日新生報

潔身自愛

邪僻的事，我都不擺在我眼前，悖逆人所作的事，我甚恨惡，不容沾在我身上。

——詩篇第一百零一篇第三節。

世界是個大染缸，愼重擇友的話，常有良朋益友相扶助；不謹愼擇友，則損友圍繞，甜言蜜語哄你心意迷亂，待被他推入罪惡深淵再覺醒，感嘆當初的糊塗時，多半已悔之晚矣。

朋友小林做化粧品進口買賣，錢賺得不少，可也是辛苦錢，他存了一百多萬元，原本是想訂房子，準備將來與友女結婚做爲新家，不足款則先貸款，再慢慢還。誰知道原本指日可待的美好未來，卻因聽信一位損友讒言，要他把存款投資承包政府的建橋工程，結果工程沒包到，那些錢都以交際費等諸名目被那位損友花掉。想訂的房子泡湯，女友一氣之下與他人結婚，落得悽慘不已。

錢沒了可以再賺，但志氣喪失了，要再提起，可沒那麼容易。唯有平實守本分的人，能過平凡幸福的日子，一日遭邪僻、悖逆的人、事所陷害，想要平安過日子就是一種企求不及的奢望呢！所以大衛王才寫下如此的詩篇，乃是他身邊有太多邪僻事，悖逆人隨時準備引誘他行惡。

現今的世代，人們所要面臨的誘惑更多了。堅守自己做人處世的正當原則，不容邪惡之事沾身，乃自求多福，自求心安的第一要務。

八十三年十月二十五日臺灣日報

槃水之喻

荀子解蔽篇云：「故人心譬如槃水，正錯而勿動，則湛濁在下，而清明在上，則足以見鬚眉而察理矣。微風過之，湛濁動乎下，清明亂於上，則不可得大形之正也。心亦如是矣。故導之以理，養之以清，物莫之傾，則足以定是非，決嫌疑矣。」

好一個槃水之喻，簡單明瞭的說明了，我們人如果不保持內心的清明，則容易被許多紛紛擾擾的事所蒙蔽，而無法洞見眞理。

依荀子的看法，心之見理正如水之照物。水清明則能照物，心清明則能見理。物不在水中，理不在心中。心之德唯有清明，才能在虛靜中照見萬理，即所謂「虛壹而靜」。

但是現代人如何心清？如何「虛壹而靜」？如何在虛靜中照見萬理？

這不只是古哲人所關心的，也是現代人不可忽略的課題。所以，不管生活有多麼忙碌，等待解決之事有多麼紊亂，每天亦或每星期，一定要找出一段完整的時間，讓自己寧靜下來，不受外物之紛擾，好好想一想，或全然不思考，這樣才能「虛壹而靜」，心清而後在虛靜中照見萬理。

八十三年十月二十日新生報

讀書人應該樸實樂道

子曰：「士志於道，而恥惡衣惡食者，未足與議也。」

孔子說：「讀書人應該專心追求道理，而不應貪求享受。如果，覺得自己穿不好、吃不好，是一種羞恥，那麼就不值得和他談論道理了。」

食、衣、住、行乃民生大事，窮人富人都離不開這些事，如果把心思全然浪費在這上頭，而認爲自己穿不好、吃不好，是一種羞恥，那麼這樣的人，必定是缺乏自信心與洞察世事的頭腦，所以才會愚蠢到以爲吃好的穿好的，就眞的能抬高自己的身價，像這種受制於物欲與世俗的勢利眼相妥協之輩，如孔子所言，實在是不值得和他談論道理呢！

我們常常可以在報紙娛樂版的新聞，看到某某影視明星，又花了多少錢治裝費的報導。看了眞是替這些執迷物慾的人感到可惜。正因爲人們內心空虛無充實之內在修爲，所以才需要以這些外在的搭配裝飾，企圖炫人耳目，同時也迷惑自己，造成社會上以物質、金錢衡量人之歪風，甚不足取。

待人接物或日常生活，食衣住行各方面，只要滿足了基本需要，又不違背「得體」二字，就已經足夠。與其浪費時間在那些過份講求物慾之虛華事務上，不如多花點精神在學問的追求。

八十三年十月三日臺灣日報

孝弟乃人倫之本

有子曰：「其爲人心也孝弟，而好犯上者鮮矣！不好犯上而好作亂者，未之有也。君子務本，本立而道生。孝弟也者，其爲仁之本與！」

有子說：「做人，一方面能夠孝順父母，友愛兄弟姊妹；另一方面，又喜好冒犯長輩或上司，那是很少的啊！凡是不好犯上，卻又喜好作亂的人，從來不會有的。君子必須專心致力於根本，根本樹立了，仁道就由此而生了，所以，孝悌就是行仁的根本啊！」

樹木有根人有父母，花草無根持續不了多久就會枯萎了。幼兒沒有父母，成長歷程特別辛苦，能夠出生在健全的家庭，在父母兄姊慈愛的呵護中成長實是一種幸福。如同植物有根，得以吸收土壤中的養份一般，假以時日終會成爲壯美的大樹。

有子是孔子的學生，他強調孝順父母和友愛兄弟姊妹，是表現仁愛的基本行爲。

的確如此，中國人最講究家庭生活的和諧，及人際關係上處世圓融，一個人如果連孝順父母，友愛兄弟姊妹，這種最基本的道德修養都做不到，那就是滿口仁義道德，而守不住根本，講的無異是空話。

哲學上講「功夫」與「本體」，實際上，就是要落實到道德的實際，實踐得從根本作起，而不僅僅是在人家面前講一套大道理，在生活中卻不克己奉行。有「仁」心的人，對有子的這番話，不可不深思啊！

八十三年十一月二十九日臺灣日報

慎辨語言之眞僞

子曰：「巧言令色，鮮矣仁。」

孔子說：「對人花言巧語，或裝成討人喜歡的臉色而缺乏誠意，這種人的愛心是很少的。」巧言令色，鮮矣仁。這句話時常被人提起，卻也常常受人忽略。人們往往知道甜言蜜語不一定可靠，卻很容易像入了迷宮一樣，被那些不實在的花言巧語哄得團團轉。等到受騙上當了，再回頭已百年身，徒增悔恨，恨當初不該輕信虛僞的好聽話。

一個有愛心的人，說話必正直，臉色也誠懇。如果，我們發現某人喜歡開空頭支票，滿嘴油腔滑調，講的是一套，做的又是另外一套，那就是巧言令色，大可不必信他。

八十三年十一月七日臺灣日報

勇於悔改

子貢曰：「君子之過也，如日月之食焉。過也，人皆見之；更也，人皆仰之。」（論語第二十一章）

子貢說：「君子的過失，就像日蝕月蝕一樣。他的過失，大家都看得到的；過失改了，就像日月重光一樣，大家又景仰他。」

人非聖賢，難免會有過失，不管造成過失的原因爲何，若能誠心改過，永遠也不嫌晚。即所謂「知錯能改，善莫大焉」。

中國人的習慣，喜歡隱惡揚善，道理也就在這兒。爲什麼要隱惡？除了顧全做了錯事之人的面子之外，最重要的是避免大衆，把「惡人」的標籤，往那不小心犯錯的人身上貼，使得他即使一心想改過，也因爲大衆之刻板印象已定，而不相信他會做出什麼好事，致回善乏力，只得繼續往那條不受人歡迎的不歸路上走去。如果人們能夠不計前嫌，給他一個改過向善的機會，或許就能挽回一條即將深陷於罪惡之中的可憐蟲。

爲什麼要揚善？無非是希望經由爲善獲得榮譽，受到表揚而鼓勵人爲善。其實這只是一種權術之應用，就道德層面而言，爲善乃生而爲人所應當做的事，是義務，目的不在爲了接受表揚或榮譽；歸根結底還是希望，把那些誤入歧途，或處於灰色地帶的人，往光明面牽引。

子貢是孔子的學生，他用日月重光來勉勵人，有了過錯不可掩飾，應該勇於悔改。就像日月蝕，日月雖然一時被遮蔽，淪入黑暗。只要勇於改過，必定可重新大放光明。衆人的眼睛是雪亮的，能改過向善的人，如日月重光一樣，大家都看得見。

八十三年十月二十二日臺灣日報

做一個品德高尚的人

子曰：「學而時習之，不亦說乎？有朋自遠方來，不亦樂乎？人不知而不慍，不亦君子乎？」

孔子說：「能把學到的知能，時時溫習，而更有心得，這不是很高興的事嗎？有志趣相投的朋友，從遠方來共同研習，不也很高興嗎？有人不知道我的志德學問，也不抱怨，這不就是一位道德高尙的君子嗎？」

如果有閒暇，能夠把學過的知識、才能常溫習，那眞是最令人愉快的事。拿彈鋼琴來說，十幾年前我初學琴，總是感到迷惑，爲什麼同樣的一串音符同樣的琴，從學生的手指彈出的，只是音符而已，沒有悅人的美感。從老師的手指彈出來則那一串音符不僅僅是音符，且是動人心扉的樂曲？彈琴的學生，要能將音符彈成音樂，必須經由學的階段。學會了還要時時溫習，才能表現優美的樂音，才能掌握技巧。現在我每次練琴，總要至少彈一遍Muzio Clementi的SONATINE作品Op.36,No.1。而且每彈一次就有一次不同的感受與滿足感。因爲這首曲子是我高中畢業典禮時，在大禮堂表演的曲子，練得最熟，彈起來最能自由發揮，這就是學而時習之的快樂吧！

在學習的過程中，能有志趣相投的朋友，互相砥礪，可以說是人生一大樂事。曾認識一位喜愛看電影的朋友，一談到某部片子，哪一段特別精采，我說那部片子我也看過時，他立即如遇知音，與我大談特談他的高見。雖然他說的意見我不一定完全認同，但，在交換意見時，彼此都感到適意而暢快。並約定有機會的話，再一起去看同一部電影，然後又可以討論。

孔子是有智慧的聖者，他知道溫習知能不難，只要有顆勸勉上進的心；與朋友論交亦不難，只要有機會得遇志同道合者；唯獨做一個品德高尚的人不容易。能夠做到「人不知而不慍」的修養，才稱得上是道德高尚。

詩經中有句話說：「高山仰止，景行行止。」今人慣用之成語「高山景行」。意爲欽佩道德高尚、品行優良的人。在我看來，品德高尚的人就像平地上的一座高山，衆人的眼睛是雪亮的，一定看得見，而且自然而然會尊敬他給他應有之崇高地位。只有那些急功好利之徒，才會生氣人家不認得他，不知道他的學問有多大。

八十三年十二月八日臺灣日報

不貪虛名

子曰：「不患人之不己知，患不知人也。」

孔子說：「不必憂慮別人不知道我，只怕自己不瞭解別人。」

處於現今的時代，處處講求知名度，人人眼中常常看到那些懂得推銷自己的人。好像不設法提高一下自己的知名度，就前途暗淡。於是不務實的人，整日想著如何「打」響知名度。造成本末倒置，忘了更重要的事，是充實自己內在的生活與實力。否則，只有淪爲浪得虛名罷了，受盛名之累的擺佈，活得一點都不自在，時時要考慮什麼事不能做，什麼話不能說，甚至什麼衣服不能穿，什麼地方不能去，一出門就得注意東注意西，綁手綁腳，那麼，「名」非但無益，反而有害。

有獨立思考能力的人，從不被虛名所迷惑。

不僅自己本身不戀慕虛名，而且，不讓「名」來影響自己的認知與判斷，不盲目追求所謂的名牌。

譬如說選購消閒書籍，如果輕易的相信出版商與書店製造出來的，所謂暢銷書排行榜，而跟著起鬨，那麼，買到的書，很可能是雖流行卻沒有品味的三流書籍。買書，永遠只需注重內容，是不是合乎自己想要的。因爲即使是名家，也不見得所出的書本本好；而那些不太有名的作者，也許他的書中有著很寶貴的見解，只是因爲他沒有背景，沒有識才的人推介，以致無法引起大衆的注意，只能等待我們這些讀者，睜大雪亮的慧眼識英雄。

孔夫子要我們不必擔心人家不知道我，只怕我不瞭解他人。是勉勵人要務實，不要貪圖虛名，不實實在在於學業或事業上求進取，倒殷殷於裝腔作勢，企圖以一些表面功夫矇人，到處招搖撞騙，此乃君子不爲也。

其實名聲的建立是自然而然的。

一個人有好的作爲，傑出的表現，人人口耳相傳，自然有好的風評。一個人壞事做盡，欺下瞞上，一時半刻大家也許看不出他的花招，但，久而久之紙包不住火，西洋鏡被拆穿時，大家看清他的眞面目，就不會再相信他了。虛名只會腐蝕人的靈魂，讓人更加接近罪惡。務實的作法，也許成效較慢，但，卻是踏上成功之路的必經途徑。

八十三年十二月二十六日臺灣日報

打破砂鍋問到底

讀書對我而言，是一件很愉快的事，尤其讀到自己喜歡的佳句，或正好見解與作者看法一致時，那份不可名狀的心靈相契，實人生一大樂事。可是，如果讀到不瞭解之處，又沒有適當的老師指點，自己找資料尋求解答也遍尋不著時，心裡老覺得為那個問題懸掛，苦惱之至。

近讀劉大杰著之《中國文學發展史》晚唐詩人那節中談到詩人李賀避父諱，不能考進士，憤慨不平，加以體弱，所以在不滿現實的基礎上，表露出懷才不遇的感情。

當我讀到這一段時，很想知道李賀避他父親什麼諱？為什麼不能考進士？所以查了另一本書，得知李賀是唐宗室鄭王的後裔，從小天才過人，七歲便能做詩為文。那時頂有名的文人韓愈，和他的學生皇甫湜聽到李賀這樣聰敏，不甚相信，有一天，便相約到李賀家，叫他當面做一首詩，試驗傳言是否屬實。結果，李賀拿起筆來，一揮而就寫了一首詩，題名：《高軒過》，韓愈與皇甫湜看了看，的確寫得不錯，大為驚奇。

李賀因為太年輕就鋒芒畢露，受到別人猜忌排擠，於是那些小人便製造了一個藉口，以除去考場

「勁敵」。原來李賀的父親名晉肅，而「晉」與「進」同音，根據當時監察御史元稹等人所提倡的「嫌名之說」，李賀便不能參加「進士」的考試，雖然這是很不合理而且可笑的事，但滿朝的士大夫，只有一個韓愈寫了一篇〈諱辯〉爲他說話，他只好在此壓力下放棄仕途。

有了問題，像李賀爲什麼避父諱？馬上尋找相關資料，就可獲解決，這是很愉快的。但，有更多的問題，是一時之間，翻了許多資料也查不到，且有的資料很難查，也不知道到那兒去查，那就很難過了。

例如，《太平廣記》中談到王維「及爲大樂丞，爲伶人舞黃獅子坐出官，黃獅子者，非一人不舞也。」

王維是通音律、詩、書、畫都有很高藝術成就的唐朝詩人，卻因爲伶人跳黃獅子舞而遭到牽連，但黃獅子舞是什麼舞？爲什麼伶人跳這種舞，就害得主其事的大樂丞王維，被貶爲濟州司倉參軍？爲什麼呢？眞叫人費解。

猶記得教授曾特別叮嚀我，你讀書時尤其忌諱在一些小環節上花費太多時間，那樣非但浪費時間，而且對考試很不利。要研究那些問題等你不考試了再去研究不遲。

忍不住要對一些問題打破砂鍋問到底？同學是否在發現問題時，就不去理會呢？其實，雖然去尋找問題的解答，有時不免浪費時間，對考試也沒什麼大幫助。但，當我在經過一段時間遍尋不著苦惱不已之後，而終於皇天不負苦心人，尋得了所要的解答，那種愉悅的心情，比中了彩劵還令人高興。

經由這些事，我發現讀書的苦惱與快樂其實是相連的雙胞胎，讀書時遇上問題就開始產生苦惱，有了苦惱便努力想求解。求不得解更加苦惱，但，如果哪一天一旦得解，那眞是快樂得不得了。所以，讀書沒有問題與苦惱就不會有快樂，有了問題與苦惱，不努力尋找答案，也不可能有獲得解答時那種不可言諭的快樂。不管是苦惱與快樂，吾甘之若飴。

八十三年十二月二十一日臺灣新生報

看馬戲團表演的聯想

旋轉在空中，三百六十度的旋轉，看臺觀衆發出滿足的驚叫，惟恐她從咬住的鋼索轉輪脫落，下層無任何保護網。我不是俄羅斯大馬戲團的女特技演員，不知道在空中咬住男演員口中的轉盤，做三百六十度快速旋轉是什麼滋味？

人性的殘酷面，從愛看驚險表演中顯露無遺，那令人心臟加速奔跳的，不僅是她速度的超越，恐怕是她帶來向死亡挑戰的勇氣吧！她旋轉的豈只是那百練成鋼一般的身軀？難道不包括數百觀衆，對死亡之冒險的慾望？

啊！那也許不是恰當的聯想，如果但丁（DANTE）想再遊一次地獄，何須他人帶領，他只需參加一次馬戲團的邀請，與女特技演員作一次心靈的約會就夠了。不然，假使偉大的詩人願意，也可與心儀卻未能結合的女子貝德麗采，來一次不那麼聖潔的愛，讓這愛不只停留在單相思式的理想化愛情。

在但丁九歲時，有一次隨父親參加花城佛羅倫斯五月的一個慶祝會，會上偶然看見一位年齡少他一歲的可愛少女。這位少女就是後來成爲他生命靈魂主宰的貝德麗采（Beatrice）。但丁一見傾心，貝德麗采卻毫不知情。九年後，但丁十八歲，第二次在路上遇見她。這時貝德麗采已經出嫁了。這一次她對著呆立路邊痴痴凝望的但丁，微微點頭行禮。即使只是普遍之社交性禮儀，也使但丁引為無上光榮，歡喜不已。

但丁一往情深地默默愛著貝德麗采，不久貝德麗采以二十五歲之芳齡夭折，但丁為之悵然悲慟。他始終熱愛著她，愛情隨歲月俱增！雖然貝德麗采死後，但丁曾與另一女子潔瑪．多娜蒂（Gemma Donati）結婚，然而，他對於理想與完美化身的貝德麗采，卻終身未曾或忘。

這位曠古絕世的大詩人，這位極端憂世的愛國者，這位情聖。如果他在愛上貝德麗采之後，某日觀賞如俄羅斯大馬戲團之三百六十度高空快速旋轉，他還能若無其事的放縱自己自虐式的單戀嗎？當他體悟到我們每個人。其實都跟那旋轉女郎一樣，生命隨時可能面臨死亡，他還願意保持沈默？而不向貝德麗采說：「來吧！我的愛，趁著我們都還在，讓我們彼此擁抱、熱烈作愛、旋轉、旋轉……？」

完成三百六十度旋轉之愛，但丁恐怕得改寫「神曲」中某些篇章，或者把「地獄篇」第五曲移至「天堂篇」，以充實「天堂篇」窮極無聊又單調乏味的不人性內容，讓天使不再只是唱聖歌，而頌揚聖潔與神聖之結合，不要讓悲戀的女主角弗蘭西斯卡和戀人保羅，飄蕩在颶風中。只願聽天使之聲囀囀吟著：

愛，一朝萌起，就不容所愛者離去。

它使我深深地著迷，

並且如你所見、至今未把我拋棄；

愛，導致我倆，走入唯一的死亡。

八十三年十一月十四日臺灣日報

「校對」學問大

提起校對這件事，在我未接觸過此工作之前，總是膚淺的以爲，校對嘛！只是將打印稿與原稿對對看，將不對的改成對的，最簡單不過了。直到我實際上接觸，客串校對員時才明瞭，校對眞是一門很大的學問。

由於我住家與九歌出版社在同一條巷弄，走幾步路就到了，常常在上教堂做禮拜及晨跑的路上遇到九歌的蔡文甫社長。他總是一身運動服裝，手上還拿了兩顆幫助手掌運動的鋼球，一邊跑一邊擦汗地與我互道早安。有時下毛毛雨則撐著傘運動。有一天，他得知我已空大畢業，想必不像以前那樣忙於功課，就問我說：「柯玉雪，你會不會校對呀？」我說：「會呀！我自己出的書，都是自己校對的呢！」

蔡社長說：「那好，我出版社裏有書稿需要校對，到時候找妳來幫忙。」「好啊！」原本以爲社長只是隨口說說而已，就爽朗的答應下來，沒想到過幾天，他眞的要出版社裏的陳主編與我連絡，把一份書稿，交到我手上，由我負責校對。

事實上我在校對上經驗不足，所以校一遍以後恐有遺漏，又委請比較有經驗的姜龍昭先生替我檢查一遍，果眞有好幾個錯字沒有校出來。慚愧慚愧！

我很奇怪，明明那幾個字都是認得的，爲什麼在看過一遍時卻校不出來？一則缺乏經驗，二則精神不夠集中。沒有集中精神，及足夠的經驗，即使校對一份簡單的文稿也會變成困難而不易做得好。這使我想起讀國小時的國語測驗，有一項目名爲「挑錯」，就是將試題中的錯字圈出，改正在規定的格子內。校對其實就是「挑錯」，只是它不再是學校的考試，而是職業場所的拚鬥。

一位服務於某報社的朋友說，校對是一門專門技術，往往不是學問知識經驗均嫌不足的年輕人能勝任的。在報社裏，有許多位負責校對的工作人員。由一位校對組組長領導。由於報社之新聞常常要趕時間，組長無法在出報之前一一檢查一遍，於是有一項規定，就是見報後，如果有些該校出來而沒校出來的錯字，情節輕微者以扣薪水處罰，情節重大的，降職開除都有可能，甚至有時波及校對組長，也要連帶受到處罰。

我校的第一本書，是一位女作家的散文，校完以後，不由得想起爾雅出版社出版的《驀然回首》一書中，白先勇在接受林懷民訪問時所說的一段話——

一個作家，一輩子寫了許多書，其實也只是在重複自己的兩三句話，如果能以各種角度，不同的技巧，把這兩三句話說好，那就沒白寫了！

的確如此，那位女作家在她的小說中所持的思想觀念，在她的散文中，亦闡述類似的思想觀念。只要她寫的能令讀者感動，且有益於人，她就沒有白寫，我也不會白校對，蔡社長這本書也就沒有白出了。

第二部書校的是梁實秋先生的書信集，從梁先生寫給親友的書信中，有很多是草字，一字一字的對，對我而言實在是高難度的工作，蔡社長放心交給我這麼重要的工作，也實在太看重我了。從這次校對我學會了許多草字，並且由梁先生的書信中感受到他做人處事的厚道與眞誠，享受先睹爲快的樂趣。

印象尤其深刻的是，梁實秋先生做學問之認眞。例如：在書稿中有一封梁實秋先生寫給蔡社長（當時任中華日報副刊主編）的信，談到梁先生自己在某報文章中，寫到成語「反脣相稽」，不知爲什麼文章見報後，卻印成「反唇相譏」。爲什麼明明寫「稽」，印出來卻變成「譏」。這問題可能出在校對身上，把原本對的字，改成可能是錯的字。

按，「反脣相稽」語出漢書：「婦姑不相悦，則反脣相稽。」古字用法是稽，後來大家老是寫譏，字典上也印了，反唇相稽同反脣相譏，於是唇與脣，稽與譏分不清，許多人都只知道俗寫及常用的字，而忽略古字及原來的用法了。

目前我又在校一份醫藥保健的書稿，而且愈校愈有經驗。經過校對之磨練與訓練，我發現自己的眼睛比以前更明亮，看得更清。即使不當校對時，看一般文章，可能是習慣的關係，常常可從一篇文章中發現好幾個錯字。尤其是那些小刊物，錯字比一般報紙還要多，這種能力是我未受校對訓練之前，不曾有過的。所以校對看似簡單，其重要性卻不容忽視，若缺乏經驗，精神不集中，還眞無法勝任此工作。讓我們在此向所有的校對高手致敬。

八十三年十二月十三日臺灣日報

人與狗

人們常說：狗是人類的好朋友，其實人也是狗的好朋友。這是我搭了公車二四五副線，一位愛狗的司機的車之後，所得到的結論。

那天坐上二四五副線公車，正看著窗外風景，有一隻體型中等的黃色土狗在走道上散步，把我嚇一跳。散完步牠乖乖的走到司機旁邊，對著司機搖尾巴，臉上做出親暱的表情，司機空出一隻手來撫摸牠的脖子，黃狗向主人撒嬌完以後，安靜的躺在主人座位下，陪主人上班，眞是人狗一家親。

同車的一位老太太也說，這位司機是狗的好主人，天氣太熱，他擔心狗獨自在家，沒有冷氣吹，怕熱出病來，所以每天上班時，就帶著狗坐在車上享受車上的冷氣，以消七月酷暑。狗有此體貼入微的主人，是上輩子修來的吧！

李小姐是位成功的餐飲業老闆，她呀，簡直是貓狗的守護神。只要在她住處附近發現有流浪貓、流浪狗，她一定出錢替這些動物結紮，並且固定給牠們餵食。有小狗遭遺棄的，則帶回家，花錢請人爲狗兒洗澡、治病、調養，弄得乾淨漂亮之後，再爲牠們找合適的主人。暫時沒有人願意領養的，她也會帶這些狗兒，去狗醫院打預防針，掛上狗牌，免得被「捕」走。

有一回，她到我家小坐閒聊，談到狗兒，她立即從錢包中，掏出三、四張取名「妹妹」的狗的照片，很憐愛的展示給我看，一邊展示一邊得意的說，妹妹是她最親的親「人」，她的錢包中沒有兒子、母親……等家「人」的照片，卻有狗「妹妹」的，眞是愛狗愛到最高點。她家請了一位菲籍女佣，打掃環境，看護她兒子爲次要任務，最重要的是必需好好照顧養在家內及家外的狗兒與貓。

別人開餐廳是倒閉容易，賺錢難，李小姐則一開二、三十年，生意有增無減，相信因果的人就一口咬定說，是那些李小姐出錢安葬的流浪狗亡魂，陰靈保祐她才事業順利。

當我還是個未入學的小孩，曾撿到一隻爪子有五指的黑狗，我叫牠黑仔，村民莫不好意相勸，要我不要養五爪的黑狗，那不吉祥。我家是信基督教的，不作興忌諱這些，父母也不管我，所以我就整天跟黑仔玩在一起，四嬸因而說我是「狗仔神」，我也不理會。因爲黑仔不像一般的狗，那樣輕浮急躁，牠走起路來腳步很穩，而且眼睛發亮，就像可以指揮千軍萬馬的大將軍，而且長得愈大，愈是有模有樣。

每到農忙期，像我當時那樣的小孩，也會被派上工作，負責送點心到田裏給大人吃。有天下午，當我送點心到洲仔寮的稻田，黑仔像往常一樣，在大水溝邊等我，可是這天我收好了碗要回家，卻找不到牠的踪影。黑仔失踪後，我很難過，一有空就到洲仔寮大水溝邊等牠。

直到快過農曆年了，爸爸給我買一件紅色外套，很好看，我穿了新外套，又去洲仔寮找黑仔，我想牠不是絕情的狗，就算要走，也應該「叫」一聲，向我告辭才對。由於大水溝邊，一到冬天，寒風逼人，姊姊看到我又到那裏去等黑仔，就跑來對我說：「妳不要再等了，黑仔不會回來了，永遠不會回來。」我不信執意要等，姊姊才說：「啊，我實在忍不住了，就告訴妳吧！好讓妳死了這條心，其實黑仔已經被爸爸抓起來賣了，賣的錢正好買妳這件新外套，妳看，我們（指姊姊們）都沒有新外套，單單你有。」

知道黑仔被賣，我賭氣不肯穿那件紅外套，大人拿我沒辦法，最後只好把外套送給鄰居的小孩，如果可以，我眞想再見黑仔一面，就像老朋友久別重逢一樣。如果我養黑仔不是在物質缺乏的年代，也不會害得牠淪於被賣掉。

八十三年十二月十一日臺灣日報

從痛苦中學習

常常聽人說，文學是苦悶的象徵；我倒寧願說，文學是人生經過痛苦之學習後的結晶。尤其是這一個禮拜以來，在空總病房照顧因胃出血住院的龍昭，與同病房的患者及家屬朝夕相處，看到他們一舉一動，更加肯定，未經痛苦磨難的人，不會懂得思考人生。

四號床的老先生，得的是老年人慢性病，要吃任何食物之前，一定要先稱一稱多少重，如果未吃完，賸下的也要稱，然後記錄下來，待醫生來查病房時，向他報告吃了多少重量的何種食物，也許是心情不好，要是沒見到他的另一半來，就一直尋找，問前來探視的親友，「老婆子」上哪兒去了。等她來了，他又迫不及待地數落她。沒見著時想著她；見著了卻又要鬥嘴，口中唸唸有詞，這，大概就是所謂的老來伴吧！

二號床是一位中風的老先生，完全沒有行爲能力，看起來就像皮包骨，靠氧氣的輸送才能順利呼吸，還得不時用儀器幫他抽痰，免得引發氣喘，他沒有兒子，除了太太還有一位嫁在附近的女兒，輪流看護。醫院裡有些義工也不時會來幫她們，一起給病人擦澡，贈送善心人士捐款買的紙尿褲。看護這樣的病患最辛苦，他女兒對我說：「常常晚上做惡夢，而且，父親已進出醫院數次，恐怕……沒有多少日子了。」他太太拖著疲倦的身體，也說著說著，眼圈一紅，忍不住就哭了起來。

啊！人生，看著那位全身插滿了各式導管中風的老先生，及這對哭泣的母女，我一時竟不知該如何安慰他們。能夠向我這初見面，可以說不太認識的人吐露心聲，足見她們內心的苦悶有多深。

詩篇第一百十九篇七一節：我受苦是與我有益，爲要使我學習神的律例。

身體是氣血組成的，如果不善於養生調息，任由俗務纏身，工作過度，缺乏運動，營養失調，縱情聲色或口腹之慾，那麼很容易引發病變，因而向所有不懂愛惜身體的人，提出抗議。生病，是要提醒我們更加珍惜我們這具屬血氣的身軀。除此之外，也是要我們放下一切雜務，休息調養之餘，靜靜的思考人生。

人生的痛苦有許多種，疾病只是其中之一，信仰基督的人相信「凡事都互相效力」。也就是，許多事表面上看起似乎是不幸的，其實換另一個角度來看，也往往由於這樣的不幸，而造就你日後更有成就的人生。

最近連續看了兩本杏林子女士的書，雖然每一個篇章都是短短的數百字而已，不管是《生之歌》或《生命頌》，都是在寫一些勉勵的話，尤其是對身體有病痛及肢體有障礙的人，眞是痛苦中的安慰，她實在是疾病中人心靈的引導師。

杏林子書中那些鼓勵人的，感恩的言語，及勉人勿因身體的障礙，或疾病的纏擾，而放棄人生目標的追求云云的話，我總覺得，與其說是給讀者看，給讀者打氣，無寧說是給她自己加油，給她自己勉勵。究其實，這些書所以會受讀者歡迎，乃在於作者堅定的信仰，及一顆永遠向理想奔跑不懈的心志。

表面上杏林子女士患了類風溼性關節炎，不能正常行動，且要忍受許多不爲外人道的痛楚，似乎是很不幸的事。然而正因爲她患了那樣的病，所以才有那樣的體會，能夠寫出一般正常人寫不出的文章，感受到一般正常人感受不到的心情。如此看來，這病對她而言竟是幸或不幸？

又，全世界患病受痛苦者多矣，何獨只有她能在克服病痛之餘，又寫書，且創立伊甸福利基金會，有組織、有計劃的應用她的經驗，來幫助也許是同病相憐之需要幫助的軟弱心靈。她是如何做到的呢？除了宗教信仰給她的力量，最重要的是她懂得如何在痛苦中學習，即使病痛纏身，仍滿懷鬥志，不自怨自艾，我雖未曾見過她本人，卻從她的書，看到她的生命綻發出的光輝，感受到她那一顆強壯有力的心靈，我想這就是生之尊嚴。

八十三年十二月二十八日臺灣新生報

人能知我是我幸

辯解是取得他人相信的一種方式，可是許多事情一旦陷入需要辯解的情境，往往是你愈解釋，人家愈不相信。終究逃不開被誤解的命運。

從事文字工作以來，由於外子亦是寫作之人，且在年齡上應算是我的老老前輩，因此，許多認識或不認識的人，即使不說出口，內心裏總是臆測著：柯玉雪那麼年輕，能懂個什麼？她寫的那些玩意兒或不是玩意兒，八成是姜龍昭替她寫的，要不然一定是姜龍昭修改過的。

一開始，我只要發現某人，對我如此心存「輕視」，內心即很不痛快。沒錯，新婚之初，姜龍昭很愛指點我，糾正我寫作時犯的錯，並要求我下次勿再犯。技巧上除了按正確之用辭方法訂正，文意當然是按我的意思修改。我很感激他對我的指教。只是這段時日太短促。他一開始很熱衷看我的文稿，後來這股熱情，也伴隨他對我的冷淡而消褪了。不要說文稿他懶得看，有時就算發表了，文章太長，他都說沒時間看了。主要是，我寫的東西有些屬報導性質，與他感興趣的方向不同，除非他正好閒著，否則，當然不看了。

人與人之相處，就是不能太濃蜜，不然一旦疏離，徒增悲嘆。拿彈鋼琴來說吧，一開始他對我彈琴欣賞不已，說：「妳彈得眞好。」一段時日後，口氣一改，說：「不要再彈了行不行，好吵！」同樣的琴聲，卻有不同的反應。我想我不必慨然神傷，爲他的「此一時、彼一時」而難過。對一個不屬於你眞正的知音，你何必要求他相知呢？

勞思光教授在「中國哲學史」卷三後記中，有幾句話我好欣賞。他說：學術是非，無法強人同己，也無法屈己從人。我想申明的只是我提出的論點，確代表我所知所信；決無故意立異的意思，更不代表甚麼「爭執」。

多明理又瀟灑的思想，人與人之相處亦然。所謂：「相識滿天下，知心有幾人！」所以，人能知我，是我之幸；人不知我，是我倆無緣，又何必強求無緣人來知我信我？

今天三姊又很爲我抱不平的說，她新婚的夫婿認爲「寫作、出書是多麼難的事，妳那年輕的妹妹一定不是自己寫的，是她丈夫姜龍昭代筆的吧！」我聽了之後笑了，對三姊說：「妳也不用替我與他爭辯什麼，因爲他怎麼看我，一點也不會影響我。」實在是人與人能相知，是很不容易的，中國人講究「緣」字道理在此，人能知我是我之幸，人不信我是我命，何必強求。我願等待相知者在我生命中出現，並準備好好珍惜他。若有人不信任我誤解我那就隨他去吧！

八十三年十二月十九日臺灣日報

寓深意於歡笑中

——「半里長城」評介

在舞臺劇可以說並不興盛的臺灣劇場，李國修編、導的「半里長城」能夠場場爆滿，而且爲了滿足觀衆的觀賞慾，頻頻於巡廻演出行程中，加演若干場次，足見其魅力之一斑。

「半里長城」號稱情境喜劇，以一個業餘劇團「屛風劇團」將搬演歷史劇「萬里長城」，自彩排日到終演日的七天內，所發生之臺前臺後的荒謬情境爲故事主幹。

穿插該劇男主角顧明寶因爲不幸遭人倒了一筆債務，無法承受壓力，而於彩排空檔鬧自殺。其間又糾纏其他團員之債務、感情問題。到最後因團員鬧情緒出走，團長臨時改戲換角，不料負氣出走的演員臨時又回到舞臺，使得這場演出狀況百出。

低級的喜劇，只能把觀眾逗樂，而沒有辦法提供更進一步的思考空間。「半里長城」借著一個劇團演出秦代歷史劇時，團員間的林林總總問題、狀況，描寫劇團主持人的辛勞與精神體力之不堪負荷，終於暈倒在場上。同時藉社會小團體中短視近利的人際關係，反映出古往今來大環境的小人物心態，並利用戲中戲、戲外戲、後臺戲……、歷史劇的出錯……等情境，一古一今兩條主線，很清楚的闡明主題，提供思考空間。

形式上「半」劇很活潑有趣，有幽默感，我想年輕人會喜愛這部戲，並不是偶然。就結構言，表面看來人物忽古忽今，似乎有點令人目不暇給，事實上都是經過精心的設計，也唯有這費盡心力的巧思，方能寓寄深意於歡笑聲中。在笑過之後，也能深刻體會出劇團主持人的苦惱與心酸。

不管是戲如人生或人生如戲，有演出就有狀況，有狀況就帶來歡笑，在歡笑之後，隱藏多少的汗水與淚滴呢？只有每一位哭過笑過，笑過又哭過，哭哭笑笑好幾回的您，心中有數吧！

戲劇演出可以淨化人心，此乃戲劇存在之最高價值。一個滿懷心事的人，進了劇場，經過劇情之洗滌，不管在劇場裏是哭是笑，是共染歡喜，或同感悲傷，那都是靈性的呼吸。

我很喜歡屏風表演班，如此幽默的演出方式，本劇供給我靈性的氧氣。如果在最後一場戲能夠稍微收斂一點，就更完美了。因爲，從一開頭本劇就以劇團團圓在臺上演出時，頻頻出差錯爲引爆點，賺取觀衆的笑聲，到結尾仍是更頻繁的團員出錯，其效應就減弱了。不知國修先生以爲然否？

的確，當一個角色面對意外、尷尬、錯誤時，還能讓觀衆大笑，是高難度的喜劇技巧，誠如國修先生所言「我對於喜劇創作如此著迷，其實只是自己悲觀卻積極之人生觀的投射。」更因爲創作者有「悲觀卻積極之人生觀」，所以，我們才能夠在這齣戲的歡笑中，察覺出作者蘊含內在足以思考的深意。

八十四年六月三十日臺灣日報

我在空大的最愛

近日上臺北之音電臺的「臺北塞車族」晨間節目，因為出《空大充電八年》這本書，主時人葉樹姍小姐，問了我一些在空大就讀的情形。

要問些什麼，有一張事先擬好的稿，一開始訪問就不完全按照稿子上所列的項目，她冷不防的說：請你談談你在讀空大時，最喜歡的科目是什麼？

我竟然毫不考慮就說：《修辭學》

「為什麼？」

「因為我們這門課的主講老師沈謙教授，上課非常幽默風趣。」

其實這只是原因之一而已，在上修辭學時，有次面授老師出作業，要將讀到之文章中所用的修辭方法，按題目要求舉例說明。我就找出自己發表過的文章，挑出適切的句子舉例，寫到作業中。結果，修辭學的面授老師，發現我所舉的例子，居然都是已發表過的自己寫的文章，所以給我很高的作業分數，並寫了一些評語嘉勉，表示欣賞。

拿了那些塡滿讚許評語的作業紙，我好有成就感。

那些作業紙本來我都保留起來作紀念的，誰知去年颱風，我的臥室兼書房泡水，這些「歷史文件」因來不及搶救而泡湯，如今也只能將這些美麗的「光榮紀錄」留在腦子的回憶中了。

前幾天，H〇一班的同學聚會，有一位同學告訴我，她的修辭學選了三次都沒有過關，這位同學本身在寫作上也很有經驗，她準備再修第四次。她的行爲讓我不免疑惑，她是不是故意不過關，好讓自己可以再次修那門課？

一個人一直重覆做一件事，一定有他的原因與道理。有位女作家在一篇文章中說，有次她開刀住院，在病房堆了一些長篇小說。一個實習醫生有空就會來找她借小說看，就站在病床旁，一邊看一邊「順便」聊天。女作家的弟弟覺得實習醫生喜歡看那本小說，何不乾脆借走，等看完再還回來，這樣，每次看幾頁就走一趟，來來去去站著看書，一會兒借書、一會兒還書，難道不累嗎？

同病房的一位老太太，告訴女作家的弟弟，他不是來借書看書的，是來看你姊姊的，懂嗎？哦！女作家的弟弟，得到老太太的指點才豁然瞭解。

目的往往隱藏在手段或是藉口的背後，這在修辭學中是屬於隱秀之修辭方法。

沈謙教授《修辭方法析論》一書談到隱之修辭方法——

隱者，文外之重旨，以複意爲工。文辭貴在含蓄蘊藉，含不盡之意，見於言外，劉勰所謂「情在言外曰隱」，可謂直探本心之論。〈隱秀篇〉雖殘闕不全，然於「隱」之特質及其妙境，卻頗有闡論：

夫隱之爲體，義生文外，秘響旁通，伏采潛發，譬爻象之變互體，川瀆之韞珠玉也。故互體變爻，而化作四象；珠玉潛水，而瀾表方圓。

隱的特色，其旨意藏乎字面之外，須因其所言，會其所未言。「秘響旁通，伏采潛發」。秘而不宣之心聲，藉旁敲側擊的方式，暗示出來。

實習醫生喜歡女作家，不直接說：「我好喜歡妳。」利用借小說的手段，達成與她聊天的目的，而後經由多次的聊天中，一方面培養感情，一方面向她暗示仰慕之情，這是很高段的隱之修辭方式。他每次來借小說，好像只是聊天。雖然他沒有說一個愛字，但女作家都眞切的感受到了，所以就等於來借一次書，就對她說一次：「我喜歡妳」一樣。

修辭學是我在空大修的課程中，很喜歡的科目之一，眞的要叫我說出空大哪一科目最喜歡，實在有一點殘酷，因爲只要我認眞修讀過的，我就沒有辦法說我不喜歡那些科目。我永遠無法忘記，在修讀那些科目時，曾經得到的啓示與幫助。我很想告訴所有科目的老師：您們開的課都是我的最愛。

八十四年五月二十五日臺灣日報

你在空大學了些什麼？

近日中國廣播公司「咖啡時間」主持人劉小梅，因爲我出《空大充電八年》一書，請我上她的節目，問些什麼，只有在進錄音間之前，簡單溝通一下下，完全沒有事先擬稿，而且是現場播放、不容出錯，使我有點緊張。她問了許多，其中「你在空大學了些什麼？」這句話，一直到下節目，回到家中，還一直在我腦海盤旋。

究竟你在空大學了些什麼？這是值得每一位空大人深思的問題。

大哉斯問！生硬地說，若要問我在空大學些什麼，只好把修過哪些科目的書單來唸一遍，例如《宗教與人生》、《文化人類學》、《人文學概論》……眞的這樣答的話，聽衆不轉台也會睡著了。尤其我修過的科目又那麼多，眞不知要說哪一個好？所以只能換一個方式比較準確地說。換成——

你在空大最大的收穫（指學習上）是什麼？

我在空大最大的收穫就是終於知道自己的不足，且懂得如何與人交往。用兩個字來涵蓋就是「謙虛」。

談到如何與人交往，那眞是一門大學問。原本我是沈默不愛說話的，小時候有親戚來訪時，我就會很「沒路用」的躲到門簾後頭去，等訪客走了才出來。十六歲出社會工作之後，情況略爲改善，但仍不改南部鄉下孩子的害羞習性，一跟陌生人說話，就會臉紅。

開始讀空大之後，我發現如果我不努力維持好我的人際關係，幾乎沒有辦法把空大唸畢業。如果我不虛心向人請教，我可以說除了書本上的知識，什麼都學不到。

此話怎講？舉個例子來說，每逢面授日，空大學生必須到各地指導中心上課，一定要事先敲定由哪一位家人幫我照顧年紀還小的杰兒，使我能安心上課，如果與家人的關係處不好，沒有人願意當保母，那上起課來東牽西掛，無法專心。

又我兼的兩份工作（都不是全職），逢考試時，我總希望有人代我多做一些，讓我能更有充裕的時間準備考試。這也是要在平時就與能夠互相幫忙的同事，建立工作上的默契，在他忙時我替他多做一些，我忙時，他才願意替我多做一些。

現在我已畢業，良好的人際關係，使我又要擁有第三份的工作，都是與文化事業有關，我所喜愛的工作，這些都是拜活絡的人際關係所賜。

如果以後又有人問我，你在空大學些什麼？我一定會回答：除了那些必修、選修的科目之外，最重要的是學會如何與他人建立良好的人際關係。尤其，在看到許多優秀的同學，雖然本身已相當有成就了，還願意來當學生求教於空大的師長，更加使得我們不得不「謙虛」。

與他人達成良好人際關係的方法有許多，我經驗中較有效的有：

㈠**欣賞他人的優點**：每一個人，不管他多麼壞，多麼差，總會有他比較可愛之處。如果老記著他人的壞，就無法與他有良好的關係。

㈡**適度的讚美**：說不實在的奉承話，當然叫人覺得噁心，也顯得你曲意奉承，沒有人格。不過針對他優秀的表現，而給予適度的讚美，那是表示自己的欣賞之意，也是贏得友誼的最方便途徑。

㈢**事先讓他人知道該如何幫助你**：這點是相對的，首先你知道別人有需要你幫助之處，就應適時地去幫助他。而當你需要他人幫助時，也要很技巧的讓對方知曉。而且要事先知會。否則，臨時去找他人幫忙，也許人家已經安排其他活動了，你又去要求他幫忙，那樣豈不是令人作難了。

世界上最有能力，能夠發揮最大力量的人，往往不是他本身有什麼超乎常人，或多麼了不起的力量，而是他懂得如何「借力使力」，取得人們的支持，滙集許多人的才智，群策群力，那力量才驚人呢！

八十四年八月十日臺灣日報

你想好了嗎？如果有人問你，你在空大學些什麼？你會如何回答呢？

《高志航傳》讀後

近日拜讀吳東權教授大著《高志航傳》，內心不禁爲中國近代史上，這位壯烈殉國的飛將軍的死，感到肅然起敬。他的英勇事跡，實足以爲中國空軍之典範。

從事文藝創作工作多年的吳東權教授，以他小說家的筆調，生動又樸實的描繪出高志航一生的重要過程。

一般人一談到高志航，很快就會聯想到，民國二十六年八月十四日，筧橋一役，他率領空軍健兒，痛宰日軍；爲我國空軍在抗戰史上寫下可歌可泣的一頁。現在我國明訂每年的八月十四日爲空軍節，據悉即是爲了紀念他的功績，讓空軍官兵們永遠追思八一四的光榮。

初拿到這本傳記時，我有一事覺得未免太巧了，怎麼一位飛行軍官，正好他的名字又是「高」，又是「志航」的，正如現在的空軍軍官中有一位「唐飛」先生，非飛不可。仔細看了傳記內容，才知道高志航曾兩度易名。

高志航出生於農家，因爲他娘希望這個孩子能夠再帶九個弟弟來，所以取名高銘九，寓有多子多孫的意思。到了一九一五年，銘九八歲入縣立學堂讀書，學堂裏的國文老師覺得奇怪，還以為是有什麼字行排列下來，高父答稱：「沒有、沒有」。順理拜託老師給銘九命了一個學名，叫高子恆比較文雅，據說也寓有子子孫孫、恆久緜延之意。

直到一九三一年高子恆申請奉准加入了中國國民黨。他對自己立下誓言：㈠把自己奉獻給黨國，㈡將生命奉獻給飛行。堅決響應當時 國父孫中山先生「航空救國」的訓示。他認為，今後唯有航空救國，才能遏阻日軍的侵略。航空，是當時最新的戰爭利器，只要掌握絕對優勢的航空力量，就可以保得住黨國，不至於淪為亡國奴。所以在加入中國國民黨時，將自己的名字「子恆」改為「志航」，以示此生立志航空，以報黨國的意思。

易名之後的高志航，隨著他行動及飛行技術之精湛，很快的名傳中國各地，東北航校還把高志航譽為「東北之鷹」，可見大家對他的尊敬。

在這個世界上，我最崇仰的有兩種人，一是捨棄世間榮華濟世救人的宗教家，二是置個人死生於度外，拿生命來捍衛國家的軍人。高志航就是深明大義，不怕死的軍官。在他擔任飛航軍官教練時，由於對學生、部下要求很嚴，引來許多人罵他無情，不顧別人死活。其實他也隨時準備為國捐軀，有一段話，他真是說得很沈痛而且大義凜然——

其實，誰不愛惜自己的生命？我自己也有父母妻女啊！但是大家如果都珍惜自己的生命，都成千金之子，坐不垂簷，不敢拚命，不肯犧牲，那中國還有救嗎？一旦當了亡國奴，那是生不如死，什麼都沒有了，光有生命做什麼呢？所以我才要求大家拚命，督促大家苦練，有了高超的飛行技術，作戰時才能救自己的命，也才能挽救國家，使我們的子孫不會變成亡國奴！

看來，我們至今未淪爲亡國奴，還得感謝三軍的奮勇保家衛國呢！

臺灣有句俗語：菜蟲呷菜、菜腳死。

高志航的飛行技藝再怎麼精良，無奈，當他待命周家口機場時，日機來襲，卻因俄國老毛子的差勁飛機，加上氣候潮濕寒冷，到了緊要關頭，居然無法發動。當衆俄軍（與我軍聯合作戰之俄國飛行員）都抱頭逃命，深入防空壕，只有我軍奮勇登機。高志航就在機場內，飛機飛不起來，被敵機炸得全身血肉模糊……。

讀到這裡，怎不叫人爲之掩卷長嘆！一介軍魂，死得如此無奈，他的死足以令時下缺乏愛國心的年輕人爲之汗顏，他的精神將與我國空軍長相左右，只要人們提起高志航這個名字，就不會忘記他對國家的貢獻，他雖死猶生。

八十四年三月二十一日青年日報

悟境之後還有悟境

近日拜讀作家蕭蕭新著《禪與心的對話》，雖說書中所引之中國古人修禪的小故事，大部份我都已看過，然而這些故事，在蕭蕭的筆下，當然又是另一番光景，另一種悟境。

其中他引蘇東坡參禪的三個進階：

橫看成嶺側成峰，遠近高低各不同；
不識盧山眞面目，只緣身在此山中。

盧山煙雨浙江潮，未到千般恨不消；
及至歸來無一事，盧山煙雨浙江潮。

溪聲盡是廣長舌，山色無非清淨身；
夜來八萬四千偈，他日如何擧以人？

一般人都以爲寫這三首詩時，蘇才子禪學悟境已經很高了。後來他爲了知道自己的境界，去問玉泉寺「承皓禪師」，這詩的悟境如何？禪師反問他姓名，東坡開玩笑的說：「我姓秤，稱天下長老有多重的秤。」承皓禪師大喝一聲：「這一喝，有多重？」你稱吧！四兩還是千斤？東坡當下一驚，海水豈可斗量，悟境哪能算斤兩！悟境之後，顯然還有無數個悟境啊！

悟境之後還有無數個悟境。

這句話使我聯想起教會中一位李姊妹的見證。李姊妹是華視電視公司的導播，外表一看即知是屬於能幹的強人類型。（按：我避免用「女強人」，是認爲男、女都是人，說強人即可，再加一個女字，便是多餘，且易引起尊重女權者的不滿。）她是我們教會中華視團契的負責人，負責邀請同事去參加他們每週一次的查經聚會。

有一次，她應邀在一次聚會中作見證，說：經由主持這個團契，原本在辦公室中扮演比較權威的角色，常常指揮部屬做這做那的。如今卻是放下身段，常與同事們親切交談，試著和顏悅色的說話，否則人家就不肯來……因此李姊妹從這些事中得到啓示，神感動她來帶領這團契，不僅僅是要她幫助別人，有固定的靈修時間；更是要藉著這些同事來幫助她，使她有良好的人際關係，懂得如何與人相處，在工作上求取表現之餘，也在做人態度上能夠有耐心、有愛心，且能眞正謙虛待人。

聽完李姊妹這番話，我猛然驚醒，我不也是在編刊物上，如此這般的受改變的嗎？

十年前吧！我是一個看誰不順眼，連話也懶得多跟他說一句的人。可是，這個樣子連話也不跟人家說一句，就更容易固步自封，而且也無法充份了解人們的優缺點。更重要的是自己的生活範圍會因此而受限，見識無法廣博。

現在，我因爲編《空大校友》這份刊物，常常要向一些優秀的校友邀稿。可是，愈是優秀的學長（其實幾乎是每位學長）都很忙，誰有時間寫稿？當學長說：「我把機會讓給別人時，」依我幼稚期的驕傲態度，一定會在心裡想：不寫就不寫嘛！有什麼了不起。

沒料到，我竟沒有這樣想。反而鼓動我三寸不爛之舌，向這位學長解釋，他的成功或奮鬥經驗，如果寫出來供廣大校友們參考，那樣對於所有在這方面有同樣渴望之需求者，將有很大的幫助與激勵。因爲我這樣的「熱誠」說明，很多學長都不好意思再推辭，而勇於賜稿。當我接到那些原本不願寫稿者的來稿時，我感到有一種與李姊妹一樣的收穫，那就是我可以更有耐心、更有愛心，且不驕傲的待人。這是一種處身人世間應有的態度。比起純粹追求知識、能力，又是更上一層不同的境界。而此境界也不過是一種境界，事實上道德修養是無止境的，眞理之追求不是人類的經驗所能侷限，因爲每位有心人，在他們的人生過程，會不斷領悟那悟境之後的悟境。

八十四年三月二十七日臺灣新生報

求學心事

近日由於拙著《空大充電八年》出版尚在蜜月期，許多電台有關書香節目之單元主持人，紛紛邀請我上節目，爲聽衆現身，談談該書的內容，像這種上節目的事，實在不是一件輕鬆的事，除了現場播出的節目之外，大部分都是要等啦、候啦！幾個節目上下來，只有「疲於奔命」四個字可形容。這尙且不包括事前的準備工作。

幸好蜜月期不太長，頂多三個月就過了。忙亂了一陣子，雖然有違我本性好清閒，深居簡出的生活方式；一想到，能夠在介紹我的新書的同時，一併介紹我們的母校，讓社會大衆多瞭解空大，少誤會空大一點；我就倍感安慰，覺得所有的辛苦都沒有白費。

下午表姊來訪，要求我將接受電台訪問的錄音帶，播給她聽，她聽了居然問我「那位主持人會不會（因爲妳是讀空大）瞧不起人？」

奇怪！怎會有此一問？

想是主持人問我一個問題：「有些人會覺得，讀空大的學生，也許因爲入學從寬，感覺上似乎比較沒什麼。」

我答：「不要說空大啦！不管哪一所大學，學生的素質總會有比較好與比較差的。況且一個人的價值，不在於他讀的是哪一所大學，而是他學到了什麼？能做些什麼事？對社會國家、甚至全人類能有何貢獻？」這不是我一廂情願的說法，而是一種社會現狀之實然，有識之士必相當明瞭此現況……。

接著換我反問她，妳怎麼會有人家瞧得起妳、瞧不起妳的問題？因爲像這樣的問題，我連做夢都夢不到，我只是盡我的能力，去做我想做、及我應該做，而且我也做好該做的事，至於他人如何看我，只有順其自然囉！「妳爲什麼那麼在乎人家如何看妳？」

經我一問，表姊緩緩道出她的一段求學心事：「我國小畢業就出外，到高雄加工區工廠上班，我總認爲自己沒讀什麼書而有強烈的自卑感。有一次，我與妳們鄰居的進聽仔聊天，談到我正在徵筆友的事，他譏笑我說『會去交筆友的，都是一些沒有讀過什麼書的人。』我那時好氣，心想，你進聽仔不過讀個『爛』高工而已，還敢這樣笑我。經過這件事的刺激，我咬『嘴齒筋』再去讀補校，一共又讀了六年，有高中學歷。……，我覺得我再去讀幾年書，時間一點也沒有白費。」

聽了表姊的求學心事，只覺得中國的一句老話說得很對「勸將不如激將」，表姊根本不應該惱怒進聽仔，應該感謝他才對。

當然，像我表姊這樣，被鄰居的一句話，氣著、惱著、逼著，才去讀書的求學動機，在心態上，需要略爲調整。因爲我們讀書求學，是爲了提昇自己的認知層次，可以有更好的生活品質，而不是要去跟人家比高下，鬥輸贏。每個人有每個人的優缺點，非但是「人比人氣死人」，而且不管你多麼爭強好勝，總是「人外有人，天外有天」，一定有人比你強，比你行，徒然引來「既生瑜、何生亮？」之嘆又何必呢？

中央大學哲學系主任王邦雄教授，在《人生是一條不歸路》一書中，〈與「極」同行〉那篇文章中說得好：

> 人生的奧秘在與「極」同行，這個「極」不是在人間搶第一，逐鹿問鼎，因爲最有權勢，不見得「極」得住，隨時會被後來居上者取代，紀錄被破，衛冕夢碎，甚至改朝換代，時不我與，豈不是不得善「終」了嗎？所以，「極」不能在街頭尋求，而當回歸自身。

有人聽學術演講，有人上空大課程，有人欣賞音樂演奏，青春不留白……，因爲自己在學習成長中，與「極」同在，擺脫了空虛感。

哲學說終極原理，找到了「極」，終其身而無憾。

什麼是你人生的「極」？你找到了「極」了嗎？或者你曾有過無數的求學心事，與就業問題之種種惱人的事，王邦雄教授的哲人之語，實堪引導每一位即將迷失方向的學子。

「千江有水千江月」，吾人不必去搶天上唯一的明月，而可以觀賞在千江水裡的一輪清輝。統體一大極、物物一太極，天地一太極，家家一太極，人世間可能的美好，是各極其極，士農工商，各有自家的極，有如傍晚時分，下班放學，人人回到自己的家，各終其極，不就是人生的常道嗎？

八十四年七月三日臺灣新生報

生命中的解毒草

某日，有位旅人，不意間發現一隻蜘蛛，正與蠍子激烈打鬥，好奇心使他駐足觀看，卻發現一件有趣的事。這隻蜘蛛似乎是一隻有骨氣的蜘蛛，每當它打得受傷疲累之後，就會爬進乾草堆中，稍稍休息，過一會兒再出來繼續打；旅人看著它進進出出那乾草堆，好幾次，好像每次從那裡面出來，精神體力就特別好，是什麼力量使它重新得力？

難道那些乾草堆中有何秘密？

當蜘蛛又進入時，旅人揭開乾草，一探究竟，看到它正在吃一種長在土裡，有紅色葉片的植物，只要吃了幾口又能出去打鬥。旅人把那株紅色的植物拔起來查看，等蜘蛛又進到乾草堆中，遍尋不著那紅葉，居然很快就攤死在那兒，一動也不動。旅人拿了那紅葉去請教懂得草藥的人，才知道原來那是一種藥性很強的解毒草。

在人生的道路上，我們往往要為許多不可避免的事，努力「打拼」，在打拼的過程中，也難免有傷痕纍纍的時刻，就像那蜘蛛中了蠍子的毒一樣。

該何處去尋找我們生命中的解毒草呢？

有人投入愛人的懷抱，試圖以愛情來滋潤那即將枯乾的心靈；有人信仰宗教，祈求神明保佑；也有人將自己投入紙醉金迷的萬丈紅塵中，在醉生夢死的俗世間，讓自己的性靈，一日又一日的喪失，終究「中毒」漸深。直到整個人完全僵化，像被釘在這人世間的層層魔障中一樣。

究竟該何處去尋找我們生命中的解毒草？

教我〈宋明理學導讀〉的王開府教授，曾在課堂上說，一般人都是向外追尋，這樣容易被那些外在虛而不實的事物所迷惑。時常因著「緣起」而跟著快樂，未能預見這「緣起」的快樂其實是短暫的，且同時會帶來「緣滅」時的痛苦。

難道我們要跟著「緣起」而快樂，因著「緣滅」而痛苦嗎？難道我們的情緒，要讓這週遭的事端，或個人的憂患、好惡、恐懼……所掌握嗎？果真如此，那麼這「毒」只有愈中愈深。所以，王教授教導我們——

要勇於向內追尋。

宋明儒承認人的內在心性是道德的根源或原動力所在，這就建立了道德的主體性。一個人追求道德是基於他的本性、本心。良知良能永遠不被消滅，它永遠鼓舞人的道德發展，使人不必憑藉外來的力量，而能反求諸己。因此，「自律道德」在每個人生命中都具有可能性。

換句話說，不僅僅是宋儒能夠；我們每個人，只要願意，每天給自己一段安靜的時間，向內追尋，即使無法達到佛家所謂「非想，非非想」的境界，亦足以慢慢尋回本心本性，不再隨著俗世，似是而非之見而沉浮其間，不知所以了。

每天給自己一段安靜的時間，向內追尋，就如同每天吃了生命中的解毒草一樣，什麼哀傷、怨恨、憂愁、失望、沮喪……等「毒素」，都會一掃而空，讓自己重新滌盡一切塵垢，永保澄明純淨的心靈。

或許有人要問，什麼是向內追尋？什麼是「緣起」「緣滅」？什麼是本心本性？

哲學其實是一種超乎日常生活經驗的思維，爲了表達此種思維，常常必須借用日常詞彙來加以說明，而其代表之意涵，卻表示非同於此詞彙一般的意義。準此，若非特有慧根之人，在學習哲學時，常會因爲鬧不清這些詞彙的眞正意思，而被弄得滿頭霧水，讀了半天仍不知所云者大有人在矣！豈哲學家故弄玄虛駭人聽聞矇人耳目耶？蓋此其中確有其表意之難也。

吾人豈可因其語彙之艱澀，而放棄此類有益身心，且與每個人切身相關的追尋？

當然不？

記得在我當初選修空大的「哲學家與哲學專題」的課程時，發現了一個很大的學習困難：那就是，老師所說的每一個字，都是我老早就學過的，可是那些字一組合起來，我居然無法完全掌握其意究竟何所指，幾乎可用聽得「霧灑灑」（臺語）來形容仍不爲過。

爲了克服此困難，我跑到書局買一些工具書，如《哲學辭典》（指西洋的）《中國哲學辭典》，遇有不明白的詞彙立即查閱，希望借此以增加理解力。誰知這不查還好，一查之後，從辭典中又發現更多不懂的「東西」。我不會投降的，決定以我不屈不撓的意志力，來戰勝這些麻煩的「東西」。

聽了王開府教授的課，我很高興這些長久以來困擾我的「東西」，再也不會困擾我了。倒不是我一日之內得了什麼仙人妙法，能通曉所有眞理；而是我學會了放下對字面意義的急迫確認之執著。因爲王教授說：

學習向內追尋，要調整你的思考、心態，不要排斥這些不同於平常的（哲學上的）用語，這些聽久了會懂。

易言之，這些話你暫時不懂，並不須要恐慌，也不必急切的要去懂得，只要你時常接觸、認眞思考過，時機成熟時，或年歲經歷日增，你自然就會懂了。操之過急的話除了「呷緊弄破碗」之外，實無助益，最重要的是不能放棄追尋。

朋友，你時常滿懷哀傷、怨恨、憂愁、失望、恐懼、沮喪嗎？你感到焦慮不安，時常受到有形無形的傷害嗎？你會覺得人生虛空無意義無樂趣嗎？不管你「中毒」的程度若何，請別忘了，每天一定要給自己一段安靜的時間，服用「解毒草」，讓生命重新得力。

八十四年十一月二十八日臺灣新生報

旁聽的滋味

自覺本學期所修之課程，需額外加強，到附近大學旁聽相關課程，第一次做這種事，很躭心被趕出教室，所以盡可能的安靜，坐到後面的位置。

沒想到後面的位置是最搶手的，因爲比較不用功或不想聽那位教授講課的學生，就會搶這比較「安全」的「好」位，就算偷打瞌睡也不會被發現，其實坐在後面，看黑板抄筆記很吃力，聽也聽的很小聲，怪的是我去旁聽的班級，不知是約定俗成，或是慣性使然，前三排的椅子一律空著。

如果不是怕「反客爲主」，或坐太前面的位置目標太明顯，怕被發現我是「混」進來聽課的，我眞希望能坐到中間前面的眞正好位置，一則對老師是一種尊敬，表示我喜歡聽這門課，再則這樣的位置，視聽效果最良好。

雖然，有一位學生，一直開玩笑地看看我，然後對另外他熟識的學生說：「啊！我以爲我走錯教室了呢！」我還是穩住，等授課教授來，教授一來學生的注意力就會集中到前面，不會再注意我這外來的旁聽生了。

今日旁聽的最大收穫是，王開府教授講「宋明理學導讀」時，所說的一席金玉良言，尤其以他解釋「不惑」的意義最精采。

宋明儒學興起的因素有許多，其中一項是對漢唐注疏之學及宇宙論中心哲學的反動。漢儒做學問有一共同特色：不懷疑，老師說什麼就是什麼。宋儒則不然，「疑」亦是宋明理學興起的因素之一。疑是一種價值判斷，要「審問、愼思、明辨」，才能知道一事之眞僞，什麼是價值判斷？就是指能夠在知道這道理之後，知道如何抉擇，要不要照著去做？不會在實行時拿不定主意。

有許多人，一輩子懵懵懂懂，不知道自己爲何而生，在這一生中要做些什麼事？即弄不清楚自己究竟要的是什麼。我們常常講「自我實現」，那麼請自問，你要實現的那個「自我」，又是什麼呢？

一般而言，四十歲以前的人大概都還在摸索，慢慢的你會知道，你到底要的是什麼？

孔子說過「四十而不惑」，並不是說到了四十歲就能通曉一切學問沒有疑惑；而是指遇到問題，能知道如何做價值判斷而無困難，不會用個人的「好、惡」，或「感性」去判斷事情，不會讓「一朝之忿」牽著鼻子走，也不受情緒影響而意氣用事。

不惑，就是面臨問題及取捨時，能用正確的價值觀做判斷，做一個正確的抉擇。

聽了這番話，我覺得自己的思考理路釐清了不少，至少我雖未及四十歲，已然知道：究竟我要的是什麼。

知道自己要的是什麼很重要，不管能不能夠達成此人生目標，至少我們不必再三心二意，不知所措了。

最後王教授特別對那班學生勉勵：「你們既然來選了這門課就不要缺席，缺席就無法有效學習；來到教室呢，也不要都擠到後面去，若要打瞌睡、看別的書籍的就不要來選這門課。總之，來上課要盡量往前坐，這樣老師也感覺受尊重，也不必拉高嗓門講課，……。」

王教授所言甚是，不僅是我去旁聽那所學校的學生，上課老愛搶後面的位置，回想在空大上課也是如此。常常是我一人坐在前面，其他同學一堆擠在後面，難道這樣眞的比較「安全」嗎？眞希望下次聽王教授的課時，我能坐到最前面的位置。

下午，我又去旁聽另一門課，結果等了半個小時，班長才知道，原來那位老師出國，不能來授課，得知此消息，那些眞正的學生都高興得立即衝出教室，我卻很失望。另外兩位旁聽生，摸不清情況，還以爲我是正式生，一直問我，老師怎麼還沒來？看來這顆「魚目」被當成「珠」了。我雖是旁聽生，然就哲學立場言，十年後在人生戰場上，誰是「魚目」誰是「珠」，尙待分曉。

八十四年十月三日新生報

請綻放明亮而不刺眼的光芒

老子：「是以聖人方而不割，廉而不劌，直而不肆，光而不燿。」

大陸的劇作家茅茸等人，在〈布衣孔子〉大型話劇劇本中，將上述老子的話，寫成白話如下——「聖人」，方正而不顯得生硬勉強，有稜角而不至於把人割傷，正直而不至於無所顧及，明亮而沒刺眼的光芒。

這幾句話讀起來很簡單，但，要落實到生活，眞切地實行起來，可就不簡單了。可以說，將之拿來當成我們爲人處世的最高指導原則也不爲過。

在我們四周，有一種人，他們並非不優秀、他們的意見也並非不高明；可是，人們卻不願與他們親近，因爲他們的光芒太耀眼、太刺痛人；他們的言論針針見血，令人沒有喘息的餘地；他們的態度太高傲，好像全世界就只有他自己。這種人即使站在世界的巔峰，也不過是個高處不勝寒的寂寞者。或許稱得上「高士」，但，絕不是「聖者」。

昨天餐桌的燈泡壽命到了，拆下來隨便在工具箱找一個來換上，用了不久，卻發現眼睛很不舒服，甚至痛起來。仔細觀察，原來拆下來那個燈泡是噴霧的，新換上的那個燈泡沒有霧層處理，光線直接從鎢絲放射出來既亮又刺眼。趕緊到雜貨店買一個有霧層處理的，裝上後也很亮而且不會刺人，多麼舒適的感覺啊！

如果人是一個燈泡，那麼我希望自己是那明亮而不刺眼的。願意隨時謙虛待人，就是我們的「霧層」，讓我們免得刺傷人。

八十四年五月六日臺灣日報

慎防口舌之災

原來我們在許多事上都有過失，若有人在話語上沒有過失，他就是完全人，也能勒住自己的全身。

——雅各書第三章

人們常常一不小心，就因爲逞口舌之快，而引來許多不必要的紛爭。個性開朗的人，你說了什麼不禮貌的話，他不會往心裏去，大家笑一笑就沒事了，對於比較敏感、或比較想不開的人，你一句隨口說說的玩笑話，也許會讓他一輩子記恨在心，甚至找機會報「老鼠仔冤」（臺語指報仇的意思）。原本沒有什麼事，一句話說得不對，都可能引起喧然大波。

《七日糧》雜誌中把人常在言語上容易犯的毛病歸納如下，我將之說明做爲平日言行之參考，以便時時警惕自己。

㈠**批評論斷**：別人的善惡是非，自己未必看得正確，縱然看得正確，批評論斷他人，也只是自己暴露了自己愛說閒話的短處而已。

㈡**過甚其詞**：他人之惡，固然不可過份渲染，添枝加葉；別人之善，亦應有什麼說什麼，句句定準出之眞誠，不可過份誇大，以致顯得矯情失眞。

㈢**人云亦云**：風聞傳言，應加辨別：不應該輕信謠言，更不應無根無據，道聽塗說。否則，胡亂傳播利害關係之事，如果引來許多禍端，也只能自己承擔。

㈣**隱惡揚善**：中國俗話說，好事不出門，壞事傳千里。隱惡揚善方是有修養的君子之風。尤其是我們讀書求學問的人，要避免幸災樂禍，喜揚別人的惡。

㈤**穢語嬉笑**：聖經上說：「污穢的言語，一句不可出口。」許多有知識學問、社會地位很高的人，都免不了犯了這個毛病，實在是失禮又沒體統。

㈥**大言自誇**：誠實的人不應該有自捧自誇的毛病，雖然現代的社會講究「自我推銷」，但，也要注重信實原則。臺語稱要吹牛的人叫「臭彈」，當聽話的人察覺你說的話不實在，那麼你說一百句話，人家一句都不信，不等於沒說一樣。跟放臭屁時，臭氣彈出來沒有差別。

中國人喜歡勸人，在做事時要凡事「三思而行」。在言語上眞可以說要「三思而言」。再三審度，想一想，這句話一旦說出口，會不會傷害到人？會不會顯得自己的淺薄？會不會造成不可挽回的錯？……

……話語一出，即無法收回，不可不愼重。

八十四年五月二十三日臺灣日報

以客觀精神立身處世

孔子平常絕對戒除的有四件事：不臆測未來；不武斷，不偏激；不固執成見；不自私，不堅持本位主義。

除非是聖人，否則一定有一些必須要戒除的壞習性，然而這些習性如果不除去，就會使人們落入眼光短淺，被自我層層包圍住，淪入如佛教用語所謂的「我執」之中，這樣的人生，無法以全觀宏視的胸襟，翱翔在宇宙間，那樣活著簡直是條可憐蟲，而不合乎中國人頂天立地的人生觀。

沒有人能預知未來，有神通者不算，他們不是常人，所以孔子有不臆測未來的智慧，總是給未來之事，留一些發展的空間。

武斷、偏激、固執成見、自私、堅持本位這「小鼻子小眼睛」的作法，可以說全都是因為缺乏客觀精神所致。

人人都知道，這些毛病不好，可是往往控制不住自己的性情，一不小心就容易犯下，這些明知不可犯的錯。那實在是因為我們都是凡人，只要是凡人就有血肉之軀，有血肉之軀。則難免受物欲情愁等等屬於物質界之迷惑，迷惑在許多看起來實際受用，事實上很可能恰恰相反之空虛事物上。孔子是平常絕對戒除這些，因爲他是「至聖先師」，所以能夠做到「絕對」。我們如果做不到「絕對」戒除，不妨一件一件地逐漸戒除。

爲什麼要戒除這些壞習性呢？

難道是爲了贏得美譽，取得世人的讚美嗎？當然不是；難道是爲了成爲孔子的信徒嗎？其實也不盡然。

如果一定要問爲什麼？唯一的目的，是爲了成就自己成爲一個人，有修養的人。使我們擁有一顆自由的心靈，不受許多成見所囿限。

清末，有一位來自英國約克郡班士尼鎮的傳教士戴德生（James Hudson Taylor西元一八三二—一九〇五），他認爲神是所有人類共有的，神的話沒有中外之分。爲入中國大陸民間傳教，他如自述「在不違反眞理的大前提下，讓我們把自己中國化，盡我們所能去拯救靈魂。我們換上他們的服裝，學習他們的語言，效法他們的習慣，甚至在健康及體質許可的情形下吃用他們的飲食。我們住在他們的房子裏，不需改換房子的外觀；除非是爲了健康及工作效能的需要，屋內的陳設也保持下來。」

入境隨俗是戴德生的明智之舉，卻引起當時在中土之英國人士之批評與不滿，甚至認爲是恥辱。這樣持反對意見的人士，就是受囿於成見，無法以客觀精神，來看戴德生當時穿著中國衣服，是植根於他對中國文化的敬重，以及他對傳教士擔當的角色，具有敏銳的透視，這種看法在當時而言是很前衛的。

戴德生做到了孔子說的「毋意、毋必、毋固、毋我」的境界，所以，他在傳教事業上，雖然仍舊遇到不少險阻，終究他是成功的，他在中國做的醫療及教化工作，在中國基督教史中占很重要的地位。這完全是他的客觀精神，幫助了他成就神所要他做的事。

八十四年五月二十七日臺灣日報

時時行仁

子曰：「富與貴，是人之所欲也；不以其道，得之不處也。貧與賤，是人之所惡也；不以其道，得之不去也。君子去仁，惡乎成名？君子無終食之間違仁，造次必於是，顚沛必於是。」

孔子說：「富貴是人人想得到的，但不用正當的方法，就算得到也不接受。貧賤是人人所厭惡的，不幸遭遇時，如果不能用正當的方法避免，就是不幸遭遇了，也不逃避。君子離開了仁道，又怎能成爲君子呢？君子沒有片刻違背仁道的，匆促忙迫是這樣，環境惡劣也是這樣，都不違背仁道的原則。」

如果按照孔子的標準來衡量，從現代的芸芸衆生中，要找出一位合乎標準的「君子」，恐怕並不容易。時時行仁是君子應有的作爲；在惡劣的環境中仍不違背仁道，是君子的節操風骨；處貧賤、處富貴均能安於所遇，更是君子能否成爲君子的一大考驗。在現代，行仁也是一種常保平安，免於受騙的最佳生活準則。

約莫一、兩年前，我在某朋友辦的飯局初識B君，散會後，他頻頻打電話給我。不外說些很欣賞我的文章之類的話，有時我的文章見報，我自己還沒看到，他已經背得很熟，在電話那頭娓娓道來。

說老實話，他的一些小動作，譬如說送花啦；一天之內打三通電話給你啦！請你上館子喝咖啡啦……都讓我有時光倒流的幻覺，錯以爲自己尚在十七、八歲的時期。反正他讓你覺得，你在他心目中是最珍貴的，最好的好朋友，他甚至要求我與他結拜，義結金蘭，只是我不是男子，不能與人結拜。

最主要的，我並不是很喜歡B君，雖然他的甜言蜜話，有時讓人聽了飄飄然。只是他有事沒事就向我暗示，他家有很多產業，他是唯一繼承人。如果我願意經營一家店，他可以隨時出錢投資，我們合作開店，這樣就可以天天見面了。這樣的邀請，讓我置疑。

由於他的談話內容，使我覺得他的心情很不穩定，就像一鍋隨時在沸騰的滾水。慢慢的他的電話對我造成一種擺脫不掉的纏擾，他承諾給我什麼，我一律婉轉拒絕，實在是不願與他有任何感情及人情上的糾紛。但，知曉了我的刻意冷淡，他仍頻頻找機會，以發問某種寫作問題爲由，打電話來。直到半年前電信局因作業之故，將我家的電話號碼改了，才解除我必須接聽他的電話之困擾。

誰知，最近閱報，得知B君闖了禍被緝。原來他賭博輸錢，拿了別人的身分證印章，到銀行辦信用卡，刷了三、四百萬元，害那人付不出來，而爆出醜聞。

當初，如果我不堅持「無功不受祿」，而無端接受B君之贈予，或對他認識不夠，就應邀與他合作開店，恐怕現在受騙上當的人，不是報上登的那個倒楣的人，而是我啦！如果我家的電話未改號碼，他就有機會來達到他的企圖。

貪小利的人往往要上大當，B君是個聰明人，就是利用此人性之弱點，而到處招搖撞騙，沒有提高警覺，就容易上當吃虧受害。

離開了仁道，用不正當的手段攫取財物，B君如今觸犯了法律，淪爲階下囚，眞是聰明反被聰明誤。

我們的社會並不需要太多聰明人，而是需要有智慧之人，尤其需要像孔子般行仁之智慧的君子。有智慧才能在富貴當前，還能考慮其正當性；有智慧才能在貧賤逼人時，依舊坦然處之；有智慧才能在惡劣的環境中，依然保持寧靜的心境；有智慧才能得知如何兼顧現存實況與道德理想的平衡。智慧加上實踐道德的勇氣及節操，才能時時行仁，行仁可免受小人陷害，做個頂天立地，仰不愧於天，俯不怍於地的好漢。

八十四年十月十日臺灣日報

以平常心看禍福

禍兮福之所倚，福兮禍之所伏。孰知其極？

——老子第五十八章

災禍裡面未必不藏著幸福，幸福裡未必不潛伏著禍根，這種禍福得失的循環變化，並沒有一個定準，誰能知道它的究竟呢？

一般人的憂喜容易被其所遭遇之禍福牽制住；遇禍則憂，蒙福則喜，此人之常情。若能明瞭宇宙變化之理，其實是禍福相因，並沒有絕對的禍，或是絕對的福，那麼，無論遭遇到什麼樣悲喜之事，都能泰然處之。有洞灼世事變幻的智慧，自然可以免除不必要的憂慮疑懼。

旅美友人維平返臺探親，到我家閒聊，談及美國有一對新婚夫妻，爲了慶祝他們新婚之喜，特別去參加「高空彈跳」運動。一般人都是單一個跳的，如果有危險，頂多是撞到溪底石頭，或橋墩岩石之類，受一點運動傷害。他們爲表示是一對甜蜜新人，就要求兩個人一起跳。結果兩個人跳下之後互相撞擊，一個當場死亡，另一個變成植物人。

眞是樂極生悲，他們原本是一對甜蜜佳偶，可以携手共度人生，那是多麼美好幸福的事啊！在這樣的幸福當中，隱藏了那麼大的禍害，誰又能料想得到呢？

《淮南子．人間訓》中有一個小故事，大意如下：

北方邊疆有一戶人家，他兒子的馬跑到胡地去了，左鄰右舍怕他傷心，都上他家來安慰他，想不到他的父親說：「馬跑到胡人那邊去了，這當然是個損失，但誰知道這不是福呢？」果然，幾個月後，那匹失了的馬，帶了一匹胡人的駿馬回來。鄰居們聽到消息後都來道賀，他的父親卻沒有什麼興奮的表情，只淡淡地說：「怎麼知道這不是禍呢？」

果然，兒子後來騎胡馬摔跛了腿，鄰居們見此又來安慰他，他的父親好像並不爲兒子摔成跛子難過，反而說：「怎麼知道這不是福呢？」一年後，胡人大舉入侵，村中健壯的青年都奉征召去打仗，死於沙場的有十之八九，只有他因爲跛腳的關係，能夠在家孝敬父親得享平安。

禍福的循環沒有一定，人們又從何知道它的究竟？

既然無從得知何者爲禍？何者福？那又何必讓自己的一顆心，隨著表面上的禍福而忽憂忽喜呢？

當我們遇到世人眼中，看爲幸福之事，切不可過分得意忘形，否則，容易樂極生悲。因爲幸福之中其實往往隱藏著禍害的危機。假使遭到世人認爲是禍害的事，也不必太過悲傷。不幸之事，也常常是一種化裝的祝福，要耐心等候，以平常心看禍福。

八十四年九月十日臺灣日報

莊子『九徵』

曾有位精通命理之學的朋友，告誡我需防不益之友，他看準我命裏犯小人，時常要受朋友之害，不可不防。我雖是基督徒不迷信命理之言，卻也不敢將此話視爲子虛。的確，在我人生經歷中，有多次遭「朋友」「暗算」的慘痛教訓。除了在交友上更加愼重之外，亦於閒暇時略加探究識人之學。一則自我保護免受無妄之災，再則幫助我行事更亨通。

今讀《莊子》〈列禦篇〉中提到九徵，即九種識人的方法，可爲擇友之參考如下：

一、遠使之而觀其忠：遠則易欺。所以派他到遠處任職，以觀察他的忠誠。

二、近使之而觀其敬：近則易褻。讓他在身邊任職，以觀察他是否敬愼。

三、煩使之而觀其能：煩則難理。派他做煩雜之事，以觀察他的辦事能力。

四、卒然問焉而觀其知：卒則難辨。突然問他問題，以觀察他的機智反應。

五、急與之期而觀其信：急則易爽。倉促約定會見的時間，可觀察他的信用。

六、委之以財而觀其仁：見財易起貪。託付他大筆財富，可觀察他是否是仁人君子。

七、告之以危而觀其節：危易變節。告訴他情況危急，以觀察他的節操。

八、醉之以酒而觀其則：醉易亂度。故意灌醉他，以觀察他的本性。

九、雜之以處而觀其色：雜處易慢。讓他與衆人雜處，觀察他的爲人處事的態度。

以上九種方法，都是很好的觀察人的方法。其第八項是家父常用的。我家有四位姊姊，每當姊姊們交了男友，到論及婚嫁的程度，家父就命姊姊將其對象邀至家中做客，然後「醉之以酒」，要衆姊妹們在一旁觀察「打分數」。看看能否入選爲乘龍佳婿。父親用這種方法選的女婿，雖非個個傑出，人品均尙能如意。您也可以試用以上九種方法，效果如何，再與同學們互相討論。

八十四年九月二十四日臺灣日報

多行公義者心中坦然

子曰：「君子坦蕩蕩；小人長戚戚。」

孔子說：「君子順著道理行事，心中常是舒坦寬廣；小人受到物慾驅使，心中常是憂愁不安。」

在思想單純之人的腦子裏，總認爲凡事按著光明正大的道理進行，是自然而然的；所以思想單純者，不被物慾驅使，該做什麼事就做什麼事，非份之財，縱使機會落在身上，也不貪取妄求。這樣的人心中很踏實，從不用擔心什麼。

如果被財物金錢所誘，而一時糊塗，做下了昧良心的缺德事；不管所得利益爲何，內心裏免不了要擔心，萬一有一天，昧心事被揭穿「東窗事發」了，名譽人格必然全毀，說不定還得吃官司，所以心中總是憂愁不安。

要得到心安，或是常常憂愁不安，則依個人行爲處世，是否合乎「公義」原則而定。心裡安與不安，全憑你如何抉擇。

八十四年四月二日臺灣日報

求學問勿忘修道德

子曰：「弟子入則孝，出則弟，謹而信，汎愛衆，而親仁。行有餘力，則以學文。」（論語第六章）

孔子說：「做子弟的，在家必須孝順父母，出門也要尊敬長上，一切言行態度，應當恭謹誠懇。對於社會上所有的人要施以愛心；也要親近有仁德的人。這樣徹底盡力做好，如果還有多餘的精力，再去追求知識學問。」

現代的教育提倡德、智、體、群、美五育並重，德是擺在第一位，因爲如果沒有德育的涵養，成就一個人之所以爲人的責任，那麼，發展其他的智能也是枉然。

敦化國小田慶成校長，在與一年級新生家長會面時，特別提醒家長們，不要只是注重學童的智育發展，生活技能的培養，德育尤其不能忽略。

田校長語重心長的說，他常看到許多做父母的，過分溺愛孩子。早上上學時，左邊是爸爸替孩子拿書包，右邊是媽媽替孩子提水壺及美勞用具，學童自己反而是兩手空空的。這不是愛孩子的正確方法，而是剝奪孩子學習生活技能的權利，造成他們容易養成依賴的不良習慣。

修養道德最基本的，是從學「做人」開始，你的身分是什麼，就要做好自己份內的事。是子女就該孝敬父母，而不是讓父母勞心勞力，自己卻養尊處優，像個大少爺、大小姐似的。這就失去了做人的根本，不合乎孔子時代之做人的標準，也不合乎現代人做人的標準。

當今社會上所以有不肖之徒作亂，主要是在這些人幼小時，父母沒有注重他們的道德教育，使得他們走上歧路而做出違反社會法律之事。而智慧型罪犯的增加，更是只重智育而忽略德育的不良後果。

空中大學的存在，正好補此不足。因爲有人幼年失學，沒有機會上大學。只要他有心求學，隨時可以注意空大的招生日期，成爲空大的選修生，或自修生。加入空大以後求學問其實是次要的，最重要的是要修養道德，涵養性情，提昇自己的人生境界。與空大的同學互相交誼，建立良好的人際關係，彼此勉勵，親近值得尊敬的教授老師，向他們學習。充實學問智能很重要，但，也別忘了道德修養更重要。

八十四年二月七日臺灣日報

處世之道

欣賞人的長處，包容人的短處；紀念人的好處，擔當人的難處，工作變爲享受，疾病變爲祝福，苦難變爲經歷，仇敵變爲朋友，羞辱變爲榮耀。─寇世遠教授言錄。

有位年輕朋友正當事業開創期，可惜他每到一個公司行號「呷頭路」（台語指上班），總是無法持久，東換西換，一年換二十四個老闆，回家吃尾牙還早。經過瞭解，除了年輕人血氣旺盛，易動怒，最主要之因，實在是他不懂得處世之道。

處世之道說白一點，就是能夠懂得如何做人。說實在的，一個人若能夠懂得做人的道理。那麼，這個人可以說，他的人生已經成功了百分之八十五了，另外百分之十五才是靠眞才能與時運。

寇世遠教授提出的處世之道如前，聊聊數句，無一字讀者不識，而且這些道理不必是碩學宏儒的學者，就可明白。只是明白是一回事，做得到做不到又是另一回事，例如使「仇敵變爲朋友」這件事要做到就非常不簡單，如何行出這些處世之道呢？唯有潛心修養。

八十四年七月十七日臺灣新生報

超越人生的苦難

許多人在面臨苦難，或比較苦惱的事時，往往無法超脫，甚至怨恨苦毒充塞胸間，人生變得非常痛苦。

在苦難中的人，時常以一句「你不是我，你不知道我的苦」，來關閉心門，拒絕友誼的關懷。實然，在人生之路上，沒有人能完全靠別人的指引來走，每個人的路都是唯一的，基本上只能靠自己的努力與勇氣來走過。不過，好朋友的精神支持，好老師的鼓勵提攜，好讀物的啓發激礪，將使我們在面對許多苦惱時，不再有孤獨面對人生的無奈感。

荒漠甘泉有段話說，苦難中間，有一種神秘、奇妙、超然的能力，絕不是人類理智所能了解的。凡沒有經過大苦難的人，絕不會知道。一個受苦的人，若能得到鎭靜，竊笑他自己的苦難，而不再求神救他脫離苦難，他就有福了；那時候，苦難就要開始變成一種化裝的鍛鍊，一種不可或缺的幫助。

費內倫（Fenelon）說：「受苦而不挫氣，是一件偉大的事情。」

如果有一天，我們的意志力能夠鍛鍊到，沒有任何人事再能傷害我，沒有任何力量能再絆倒我，沒有任何阻礙能再防礙我，沒有任何譏笑能再阻止我，這時我們就不再活在痛苦中，而必能超越人生的苦難。

八十四年九月一日臺灣新生報

以雅樂怡養性情

周惇頤（註）濂溪先生──《通書》樂上第十七：「古者聖王制禮法，修教化，三綱正，九疇敍；百姓大和，萬物咸若：及作樂以宣八風之氣，以平天下之情。故樂聲淡而不傷，和而不淫；入其耳，感其心，莫不淡且和焉。淡則欲心平，和則躁心釋。」

音樂與微笑一樣，是世界共通的語言，非但不需要翻譯，而且常常是直指人心，用在電影、戲劇乃至電視教學節目上……，尤其可見到立竿見影的功效。

舉狄斯耐卡通小美人魚（The Little MERMAID）這部影片來說，如果抽掉音樂部分，就等於沒有靈魂的畫面，無怪乎卡通片又有人稱之爲動畫。

現代人利用音樂、享受音樂、重視音樂，古人又何其不然呢！所以宋明儒學初期理論代表人物之一周惇頤，才會有通書樂上的那些話。

欣賞音樂如果選曲優雅，合乎善良風俗，則是怡情悅性的良好活動。否則，選聽淫詞媚曲，將使欣賞者不知不覺淪入色情、暴力、犯罪、精神恍惚……等情境，形成不良的社會風氣，因此在選購樂曲卡帶或CD時，不可不謹愼爲之，以免後患無窮。

近日於朋友的喜宴上，偶遇一位久不見面的朋友，他原本任教於美國一所大學，職位及待遇都很令人稱羨，沒想到卻放棄高於此地三、四倍的薪水，而回到臺灣就職。我很納悶，當下詢問他原因。他的答案竟是：

那裏不能再待了，學生用功守規矩的固然也有，但，多的是成群結黨組幫派，常常通宵開舞會狂歡，彈重金屬樂器，唱那種像鬼叫一樣的歌，縱慾飲酒。有些到學校裏來還帶了武器，槍、刺刀、毒品氾濫，警察有時也拿他們沒辦法。你一定想像不到吧！我以前教書的那所學校現在在校門口加設一道安全系統，只要攜帶槍械者通過，就會發出警報。以防械鬥及不幸事件一再在校園發生。

血氣方剛的年輕人，思想尙未成熟，容易衝動，加上妖聲淫樂的刺激，還有什麼事做不出來嗎？難怪那位原本可以在新大陸賺美金的朋友，爲了身家性命的安全，毅然選擇回國服務。薪水雖然比較低，物質享受也許不比那邊豐厚，至少不必一到學校，就擔心今天學生是否帶了槍，萬一一個不小心惹火學生，他對你開槍怎麼辦？

在聆賞音樂時，宜選擇曲調優美者。有些人喜歡批評我們的總統，說李總統在總統府舉辦的音樂會，往往有貴族音樂之嫌。其實這對一國之領袖而言，是很不公平的。因爲即使總統也是人，而不是神，或聖人，他選擇自己喜歡的音樂聆賞，又何必苛責？

常有人說，要知道一個人是什麼樣的人，只要看他交往的是些什麼樣的朋友，就可以判定，他大致上是屬於那一類的人。當然這亦不失爲一種觀察人的方法，但，未免曠日廢時，且不夠精確。更簡捷的辦法是觀察他喜歡那類型的音樂，及他在欣賞音樂時的態度是否安詳，即可大略了解他是那類型的人。

淡、和的音樂爲濂溪先生所推崇；因爲淡，可以不傷，主要是指不傷及風化。且使原本充滿慾望的心平靜下來好養精神；和，可以不淫，就是不煽情，不過分誇張輕浮，而達到釋放心靈，除去煩躁心情之效果。我們不是濂溪，不一定要聽淡、和之音樂，只要不違反善良風俗的優美曲調，都可以在閒暇時，播放一段自己喜歡的音樂，用樂音犒賞自己一天的工作辛勞。

註：宋史，卷四二七，案「敦」字應作「惇」。有些書據開明書店鑄版二十五史本，作「敦」。觀墓誌銘，可知應以「惇」爲正。

八十四年二月十二日臺灣日報

四個人的故事

從小自大家庭中長大，也住過學校校舍，常目睹許多公共勞務，總是鮮少人自告奮勇去做，所以看到下面這個小故事，感觸特別多。——

這是關於四個人的故事，他們的名字分別叫：每個人、某個人、任何人、以及沒有人。有件重要的工作必須要完成，每個人都確信某個人會去做，任何人都可以去完成的，但是沒有人去做它。某個人對此非常生氣，因爲這是每個人的工作。每個人都認爲任何人都可以做它，應該有某個人去做才對呀！但是沒有人瞭解到，每個人都在想會有某個人去做它。結果終究沒有人去做這件任何人都可以完成的工作時，每個人都在責備某個人。——

這段話唸起來有點像繞口令，仔細思考其中涵意，不難發現，我們不就常常生活在這「四個人」當中嗎？或許我們也常不自覺的，成爲這「四個人」中的一個呢！

勇於負責原本是理所當然的，可是社會現狀往往演變成，具有道德勇氣的人才有負責任的行爲。希望「四個人」的故事不止帶給我感觸，也能提醒大家勇於負責。

八十四年九月九日臺灣日報

林語堂的幽默

中英文俱佳的林語堂，有幽默感，乃衆所周知。民國五十五年，林語堂回臺灣於陽明山小住，應邀至文化大學參觀，事先與文化大學創辦人張其昀約定，沒有充分準備，不能上臺演講。

然而幽默大師一出現在衆人吃飯的地方時，全校師生聞訊都來到，除了一睹風采之外，一再要求林大師上臺說幾句話，帶給衆人「幽默」。林語堂見盛情難卻，便說了一個故事：

古羅馬時代，有一個犯人，依例被送到鬥獸場，他的下場不外兩種，第一是被野獸吃掉，第二是鬥勝則免罪。

羅馬皇帝和大臣都在壁上靜觀這場人獸搏鬥的精采好戲。不料，當獅子進場後，犯人走過去在獅子耳邊悄悄說了兩句話，獅子就夾著尾巴轉身而去。

第二回合老虎出來，依然如此。羅馬皇帝問他：有什麼魔力使獅子老虎不戰而退？

他從容不迫地說：我只是告訴牠們，要吃掉我不難，不過最好想清楚，吃掉我之後必須要演講！

因老虎獅子寧可不吃人，也不要演講來形容演講的令人畏怯，恐怕古今中外只有林語堂想得出來吧！即席說出這樣的故事，除了顯出林語堂的幽默之外，也顯示出他的機智。在林語堂的時代，民風比較保守，在衆人面前演講，被許多人視爲畏途。今天社會人人尋求自我表現，深恐沒有說話的機會，一站上臺，搶著麥克風滔滔不絕的做「秀」，甚至令人厭煩而不自知者大有人在。如果林大師尚在人間，恐怕他的故事中，犯人告訴獅子老虎的話，要改成「要吃掉我不難，不過最好想清楚，吃掉我之後就沒有機會上臺發言，也不能演講！」才合乎林語堂幽默的現代精神。

八十四年十二月五日活水一〇七期

人生處處得耐煩

買下此生第一幢房子之後，原本是希望搬入新屋，但爲了沈重的銀行貸款壓力，及其他諸多因素，迫使我成爲一個房東，一個收租婆，一個常被這棟房子煩不勝煩，甚至希望我不曾有這棟房子。實在是找合適的房客很難，與找結婚對象一樣，是可遇不可求的。

第二任房客搬走了，正要找第三任房客時，適逢農曆七月，民間所說的鬼月，諸事不宜，尤忌諱搬家。

以前租屋的經驗，即使我那房子地點在土城市，紅紙一貼來電詢問者不乏其人，看房子的人也多。在鬼月呢，不管貼的出租紅條有多少，來電詢問者明顯減少。即使來看看房子的，也聲明：我七月不搬家哦！如果確定要租，也要過了七月才能搬。

房子空一個月對我也不會造成太大的經濟壓力，但我心理上難免感到沈重。尤其這學期，我又恢復在空大選了兩門課，將於國曆九月開課。我希望能早日把出租房子的事解決，以便開課之後，能專心修讀空大的課程。然而愈是焦急，愈是心煩，對處理事情愈沒有幫助。

例如，我在找第二任房客時，因耐不住煩，隨意就出租給一位了解不多的某公司老闆。我看他面貌斯文，應該很好相處才對。誰知他承租之後，自己只是三不五時去住一下，主要是給情婦住，並分租給一位在附近上班的年輕人。承租人不常住那兒，公共電費、清潔費……等費用沒有人管，大樓管理委員會的收費義工老向我抱怨，怎一個「煩」字了得。

出租房子很煩人，回過頭來，試想人生那一件事情是不煩人？在幾次的租屋經驗之後，我發現人生在世就是要耐得住煩。

煩是一種情緒弱點，如果我們不能克服它，而怕它，將可能衍生更多惱人的問題。

體認到人生的「煩」是一種必須，且是無可避免的，我的心境平靜多了。我知道我的房子要找房客，並不困難。然而因爲我有所堅持，所以必須耐心等待。我的堅持有二，一是承租者不得在屋內設置神壇，因爲請神容易送神難，祭拜那些神像與我的信仰不合。二是堅持不裝鐵窗，我要留下一窗空間讓夕陽進來，讓青山圍繞，等我自己搬去住時，我可不希望，每天隔著鐵窗；像在獄中般；看著破碎的夕陽與被支解的青山。

有所堅持，就必有所等待；有所收穫，就必有所付出。

當我在十幾歲，他鄉就職求學時期，也曾經租他人的房子住。那時渴望找一個合適的住所之心情，更爲急切，而且不止是「煩」而已。有時住得好好的，常常爲許多因素之逼迫而必須搬家。現在我問了許多租房子住的人，也都有被迫搬家的情況，那幾乎可以說是一種流浪的感覺。

租房子與在空大讀書是兩回事，卻不無共通處，那就是都要耐得住煩。有許多同學，在就學期間，不耐煩看電視教學節目，更不耐煩寫那些作業，這樣的同學，很多半途而廢。也有許多同學，很有耐心，即使畢業了也拿到空大文憑，仍繼續在空大選課，實踐「終身學習」的理念。讀得再久也不嫌煩，樂在學習也。

人生在世，做事也好、求學也好，一旦怕麻煩，對人不耐煩，就很難把事情做好。從租房子到求學，我學到寶貴的一課，做任何事都不怕煩不怕累，才能順利成功。

八十四年八月二十三日

握手的滋味

新春期間，應「中華文化復興運動總會」之邀，參加由會長即當今之總統李登輝先生主持之「新春文薈」團拜，以往我就得知文藝界有此盛事，總覺得我還年輕，受邀者泰半非文藝界資深大老，即是名氣很響的當紅作家，他們不可能想到邀請我。

意外的，今年我收到了請帖，內附貴賓證，此證的背面還印了「本證敬請勿轉借他人使用或遺失」等字樣。

依規定的時間，我到達圓山大飯店十二樓會場，陸續約來了一千餘位作家，有識有不識的，多半是見過其大名而未曾一睹本人風采的，正好利用此機會看看許多大作家的眞面目。許多作家眞是相見不如不見，因爲作家本人；往往不如他們作品中所展現的文質風韻，一旦見了面，就好像參觀過電視台的戲劇攝影棚一樣，想像力無法發揮，美感頓失！

在會場喜遇空大二中心主任沈謙教授，向前致敬問候之餘，我感到十二萬分的慶幸，在文藝界有沈教授當我的典範，寫作之路雖然艱辛，有良師指引，我更清楚自己前面的路，而且心喜吾道不孤也。

總統一蒞臨會場，衆人起立拍手歡迎，司儀一直提醒大家，不要衝到前面去，總統會繞場一周與大家握手。文人的舉止果眞心較斯文，沒有像某些政治場面，稍一不愼就失控丟醜。

等了十幾分鐘，總統果眞來到我的座位前，後面尾隨一大堆安全人員及攝影記者，總統微笑的對我說：「新春快樂！」匆匆一握，又趕著握下一位作家的手。

匆匆一握，就是這樣匆匆，之後又是兩個人、兩種不一樣的人生。

有些南部來的作家，爲了來參加這個會，花了來回九至十個小時的車程。難怪一般人都稱像總統這樣的人爲「貴人」，要是在古時候叫皇公貴族，更不得了，未來總統開放民選了，所以平凡如我者，也可以握到「貴人」的手，雖然是如此匆匆。

在喝茶時，有一位時常採用我的稿件之刊物主編，他一看到我的識別證，就很高興的跑來跟我握手，要我以後多替他們寫稿，並說了一些嘉勉的話，他的手緊緊握了我數分鐘，久久不放，那麼有力、誠懇，我感覺到他的確很需要、也很欣賞我的作品，這對身爲作者的我，是一種很快樂又很實在的感覺。

不管與誰握手，我總希望能傳達我對他的友善與祝福。記得某日去拜託一位文藝前輩，他特別帶我去看他與前總統經國先生握手的放大照片，而且如數家珍般的細說他光榮的「事蹟」。我很樂意分享他的榮耀。有此榮譽心很好，但如果能有憐恤人的心，將更能幫助人。日前我與教會的姊妹結伴，去探訪一位癌症末期的生病教友，當我伸手去握她的手時，我發現她的眼角有淚光閃動，她滿懷感激之情的說：「感謝主！感謝主！」我們走出病房之後，我就決心今後不止要握「貴人」、主編等健康人的手，更要主動去握那些需要扶持之人的手。

八十四年二月二十五日新生報

你一定會瘦

最近，只要是好久未見的朋友，見到我，第一句話總問我：「你怎麼瘦成這樣？人也變漂亮了，快告訴我減肥祕訣。」老實說，我並未刻意減肥，五個月中，體重由五十七公斤，降到五十公斤，這完全是禁食禱告的良性副作用。爲什麼要禁食禱告？那就得從我見到那一條小蟲說起。

有天半夜，睡不安穩，夢到極端痛苦之事，從夢中哭醒。起身坐到書桌前，看到書桌的玻璃墊下，有一小條血紅色的蟲，在蠕動身軀，它的軀體有三分之一尚在卵泡之中。帶著卵泡，左、右、前、後努力蠕動，似在尋找一條可以解脫的生路？

我不知道這條小蟲的名字，卻從牠身上看到生存的辛苦，即使是一條小蟲，也有屬於它的重擔與困境。

世界上每一個人，不論身分、職位、財富，誰不像那條小蟲，有著一些擺脫不掉的重擔困難？

想到這裏，我翻開《傳道書》一章十三節：「我專心用智慧尋求查究天下所作的一切事，乃知上帝叫世人所經練的，是極重的勞苦。」

一想到這共存於高性靈人類的苦難，該如何超脫？我開始每日晚間禁食禱告，尋求上帝的啓示，啓示我生命的眞理，賜我明白宇宙律例之論。也因禁食，而意外的瘦下來。

不過我要提醒朋友們，我在每日固定過午不食（可喝開水）之前，就曾斷斷續續有過禁食的經驗，所以只有變瘦而無任何不適。想瘦的朋友若要禁食，宜採漸進式，免得弄巧成拙，引起身體病變，就得不償失。

八十四年七月廿日活水98期

新年新希望

每到歲末新春，總要翻閱過去這一年度的行事曆，看看在已流逝的一年裏，自己做了那些事。與往年一樣，雖然完成了不少計劃中與非計劃中要做的事，卻總有許多想要做還來不及做的，而時序交替，一點也不停留。

陽臺上種的一株茉莉，耐不住暖冬中的一道寒風，葉子都掉光了，我傷心了好幾天，捨不得丟棄，仍照舊幫她澆水，就好像她未曾死去一樣。啊！實在不忍心再看那光禿禿的枯枝，如逢大敵般的死寂。昨夜在教會，領了聖誕老公公發的禮物，今早，帶著拆禮物的好心情，又去看看她的「動靜」，心想她是不是爛掉了呢？

揉揉惺忪睡眼，啊，是嫩芽，我確定我看到了！

這大概就是生命的神奇，原本以爲即將要爛掉的枯枝爛葉，誰知他內藏玄機，在深冬過後的初陽下，吐出翠綠似玉的新芽，大自然在此展現蓬勃的生機，是叫我們要長存希望。

如同往年的年初，今年給自己一些工作計劃，到年底，這些計劃尚未完成，即使很努力，也不見轉機，有時也的確令人洩氣，就如枯枝即將腐爛一樣。然而每當新的一年來臨，我會不斷的自我勉勵，說，「加油吧！危機也許就是轉機呢！」也眞的有許多原本以爲沒有指望的事，在我不肯放棄希望，不斷努力下，終於促成，那種感覺就如同看到這株即將枯朽的茉莉，吐出新芽一樣。生機往往蘊藏在肉眼看似沒有指望的枯槁裏，只要長存盼望，也許就有不可思議的奇蹟。

在新年伊始，我願心存盼望，你呢？

八十四年一月二十日《活水》文化雙周報

希望你珍惜

每次到了繳學費的時期，就是家中有學齡子女之父母最頭痛的時刻。空大學生大部分同學恐怕都是自己負擔學費的吧！這學期學分費又調整了，細心的同學一定看到繳費單正面的一行小字「依教育部八十四年七月二十七日台（84）社〇三六五三七號函規定，學分費調整爲六百七十元。」自己付學費，輸贏在自己，每一塊錢都是辛苦工作所得的血汗錢，豈能不珍惜？如果某一門課未能過關，取得學分證明，能不有切膚之痛？

婚後依婚前約定，外子龍昭必須付我的學費，我就這樣利用「夫援」，一直讀到空大畢業。畢業後我停了一陣子未再選課，這次逢我想修的課，開出來，我又選了兩門課八學分，計需付五千九百六十元的學費。當我接到繳費單，又去要那「伸手牌」的學費時，龍昭卻說：「我們只約定付到你畢業的學費，以後的你應該自己付，你自己也有收入呀！」

我的確有收入，只是爲了照顧家庭及小孩，不能全職外出上班，只能兼差，主要收入是各報刊、雜誌之稿費，亦很微薄，偶有徵文得奬之奬金，無不全數匯回娘家給父親付買地貸款。五、六仟元的學費，當然不致付不起，只是一想到被停止的「夫援」，我就有嚴重的女性失落感及一種孤獨面對人生的無奈，好像我的錢未見收入，就已經有很多款項等著我支付。

「哥林多前書」十九章有句話說「並且你們不是自己的人」從英文聖經看更明白「and ye are not your own」

這段話原意是指人與神的關係，聖靈與肉體的區別。當我面對許多人生問題，包括金錢之處理，我總是深刻的感覺到哥林多前書那話的實在性——我的的確確不是屬於自己的。

當我想到自己是個女兒，我必須盡孝，報答父母養育之恩。是個妻子時要操持家務，承擔那永遠做不完，做了也沒有人感激的家事。是個母親時，付出永無止境的耐心與勞務。當然有時也有天倫、親子之樂。只是當我一個人靜下來時不免自問；我就要這樣老死嗎？我所希望成爲的那個自己何在？如果不在這些不可免責任之外，有所追求，有所實現，那活著又爲了什麼？

有許多人對我「那麼辛苦」唸空大，表面上敬佩，內心裡卻不以爲然。那是他們不明白，我只有在唸空大，尤其是選讀自己想讀的科目時，我才會覺得：「我是我自己的，有一天，我一定會達成我所要達成的人生目標。」多麼充實又愉悅的感覺啊！

爲了早日將父親的貸款償清，我告訴龍昭說，既然你不再付我的學費，那我就不選課了。他聽了有點驚奇，因爲這不合乎我慣常，想要就去熱烈追求的個性。其實我心理另外做了打算，我準備當個「自修生」。不必交學費，去買教科書，按著教學節目上課。有不懂的找方便的人請教。

這樣做有一個缺點，就是「萬一」有一天我眞考取了我想要讀的研究所，那這些必修課沒有學分，還得花時間去補修。爲達到省錢的目的，也只好這樣做了。

有天早晨，我起床做一些例行的事，意外在桌上發現一個寫了我名字的信封，內裝五千九百六十元整，還有一張便條紙，上書「玉雪：希望你珍惜，好好用功，讓學費不白花，助你進入『研究所』，邁向成功之路。龍昭八十四年八月十四日」

會的，我會珍惜也希望所有報了名，繳了學費的空大同學，都能好好用功，讓學費不白交，利用空大的課程，多多充實，造就自己邁向成功之路。

八十四年八月三十日臺灣新生報

平安即是福

平安！基督教長老會的會友，在見面時，就是用平安來互相問候。醫院裏值夜班的護士，把沒有病人來急診的夜晚稱之爲平安夜。人們在無災無禍時，總很容易誤以爲享有平安是理所當然的，事實上呢？

外子年事已高，我隨時留意他的身體狀況，他睡時打鼾聲很大，所以，我在睡覺時，都只能淺睡，只要他的鼾聲停止，我就會起身查看，是否他仍安然。

有一天吃晚飯後，蜜兒取出一罐朋友送的健康食品，說是「血管的清道夫」，吃了以後可以把血管中的過多油脂排泄掉，一瓶要八百元呢！對老年人的身體健康，很有幫助，而且可以防止中風。有這麼好的藥，先吃爲快！外子接過那瓶藥，試吃一顆。過了一、兩個鐘頭，即發現全身不對勁，臉色很不好看，問他要不要就醫，他說，睡一覺，明天起來，熬過了就沒事。我特別叮嚀他，有不舒服就不要遲延，也不要硬撐，要快去看醫生，他搖手說：「沒事，沒事」，大家就分頭睡了。

到半夜十一點多，我似乎沒有聽到他的鼾聲，起身一看，我嚇住了，他坐在床沿吐血，吐了大約有三、四臉盆，要叫人也叫不出聲，眼白向上翻，身子搖晃，搖晃，然後，我跑去扶他都扶不住，親眼看著他，倒在血泊中。

以最快的速度，喊了樓上的蜜兒及鄰居來幫忙，他九十六公斤的體重，我們搬得喘不過氣。鄰居雷先生靈機一動，趕快打一一九，他們有救護車及專業人員，可快速又專業的服務傷患。果然，一一九的救護車很快來到，一個人揹著，兩個人扶著後腿，把外子從四樓揹下，送進救護車直達空軍總醫院。

一路上，我默默祈禱，主啊！他雖然不是祢眼中完全的人，也不是很標準的基督徒，不懂得時時懺悔自己的罪，而且有一些缺點，但是，主啊，他至少是位盡責的好父親，求祢憐恤杰兒年幼，才八歲不到，不能沒有父親，求祢免了他的罪，讓他在世盡完爲父的責任。等杰兒長大成人，再召他回祢身邊吧……。

到了空總，醫師診斷是胃出血，要立即輸血，而且住院治療。在推進**X**光室照片子時，杰兒跟在後頭，一直發抖而且不敢哭出聲。我看著他毫無血色的身軀，手腳冰涼，面如鐵灰，強作振作，向他輕輕說：爲了杰兒，你要振作挺住啊！

照**X**光的一位善心先生，看到我不住落淚，安慰的說：不要擔心，人都送到醫院來了，不會有事的。到外面等著吧！

經過三天的連續打點滴及止血針，總算沒有再嘔血。只是低語：杰兒該怎麼辦？第四天作胃鏡檢查，排隊的人很多。這是一所軍醫院，派了一位穿軍服的黃先生來幫我，用輪椅推外子去做胃鏡檢查。雖有人協助，仍得按照排隊秩序。但外子失血過多，又禁食三天，都要支持不住了。

我看他幾乎要昏過去，就去求那些醫生護士，又求排在前面的年輕人，那位年輕人身體狀況還不錯，很爽快就答應了。我好感謝這些人，眞的，我沒有忘記向他們答謝。那位穿軍服的黃先生，送我們回病房後，還一再交代需要他幫助時，只要通知他，他就到。

這幾天白天在醫院，幸好有蜜兒及姜群輪夜班，讓我晚上可以回家照顧杰兒。

回想他胃出血的原因，提供那瓶「血管清道夫」之藥的朋友，知道這事之後，內心很不安，也到醫院來探視並請教醫師。其實那顆藥只是導火線，外子得此病前三天，已屙黑大便，而且他飲食習慣不良，愛吃甜的，引起胃酸過多，愛吃美食，體重超胖、因腳的神經痛，吃了不少時日的止痛藥，加上茶、咖啡……等刺激性食物吃太多，經過這件事，天天忙於醫院及家庭小孩，能夠好好睡個覺都是莫大的幸福，能夠全家人，像平常一樣吃頓飯，都變成是值得慶賀的事了。我想，我已然瞭解平安即是福的眞義。

八十四年一月三日臺灣日報

與血癌抗爭

三十歲生日那天，正當夫家親友歡喜快樂爲我準備慶生之際，倏然接到二姊一通電話，說她國小六年級的長子建德患血癌，現於馬偕醫院急診處，要我立即帶幾千塊錢過去支援，恐她身上携帶之現金，要辦住院手續不夠用……說著說著就嚎啕大哭起來。

不同的醫生多次要她做好心理準備，這種病的全名叫急性淋巴腺什麼的，我實在記不住，就是俗稱的血癌。孩子先是發高燒、食慾不振，二姊帶他到附近小兒科診所，當成感冒醫了一個禮拜。及後身上並未撞擊，就出現烏青，二姊還以爲他與同學打架，故意說謊騙人，也不以爲意。及至身上出現血斑，診所的醫生趕忙叫他們，快快轉診到馬偕醫院，請專門醫治血癌的權威大夫醫治。主治醫師還是重複那句話：「要做好心理準備，想開一點，這種病會隨時要人的命。」

雖然，建德的病屬「重大傷害」，健保可免費醫療，我們娘家親友，仍爲這病而陷入愁雲慘霧之中。

每次我到那血癌病患專用的反隔病房（註）看到那些更嚴重已經做化學治療一陣子的患者，有的頭髮掉光了，有的一直嘔吐，有的站都站不起來，那臉色簡直像蘇雪林教授所形容的「形將就木之人」一般。

剛入院幾天，二姊總是終日以淚洗面，那些住得久一點的病友家屬，不少好心勸告，要二姊面對現實，想開一點，這種病如主治醫師說的，有一張「功課表」要做，家屬要按照療程配合看護，隨時注意其對治療之反應。所以不能把力氣哭光耗盡，要留一些精力來照顧病人，也保持自己的身體健康啊！

規勸有理，但，平常好好地壯得跟牛似的孩子，極少生什麼重病，如今忽然得這病，當母親的能不難過？只是如今遇上了這事，也只能硬著頭皮挺過去。

今天我又去探望建德，他剛輸了一袋血，氣色還好，已開始做化學治療，尚未掉頭髮。醫師說化學治療藥物在殺癌細胞時，免不了也會殺到好的細胞，所以會有許多副作用。目前他的副作用是食慾特強，吃下了很多東西還一直想吃，爲了怕撑壞肚子，要他少吃一點，他就餓得全身發抖，看到人吃，忍不住就流口水。眞是什麼想不到的副作用都有。我在旁邊爲建德加油，希望他要忍耐一切痛苦，與病魔戰鬥，有堅定的意志力，聽母親的話，與醫生配合，才能戰勝病魔。

我說了這麼多，孩子都非常同意，也很感謝我不時爲他禱告，求神醫治。只是他仍舊很想吃東西，二姊又不讓吃，一串淚珠就漱漱掉落下來，孩子畢竟是孩子，見其受苦誰又忍心！唉，天降斯禍，人何能免哉？

最後我很疑惑，血癌是如何產生的？應如何預防？前去請教醫師，他說：發生原因主要是遺傳，而且是隔代遺傳。預防的方法就是——要在婚前做好健康檢查，及家族死亡疾病史調查，以免悲劇一再重演。原來，建德的父親這邊有位親戚——建德奶奶的妹妹，亦即姨婆，據說二十歲尚在就學時就患血癌病故，如今隔代遺傳給建德。

二姐結婚時，「目睭被牛屎糊住」沒有做婚前健康檢查，也沒有仔細「探聽」姊夫的家族病史，所以，今天才落得要受這些苦。即將結婚的朋友，千萬不要忽略「婚前健康檢查」的重要，否則，等到吃苦受罪時，再悔不當初就於事無補了。

註：反隔病房主要是希望探病者，要洗手、淨身再進入，或者最好別進入。因爲癌症患者，尤其是做化學治療的病人，抵抗力非常弱，稍一不愼則訪客攜入的病菌，會使得患者病情惡化。

八十四年七月十五日青年日報

小女孩的心願

某日與家人參加教會闔家歡冬山河之旅，新近養的愛犬小瑪麗，找不到合適的寄養朋友，只好攜之同遊。許多就讀國小的小女生，圍攏過來摸她、抱她，跟她說話。

這麼多女生一面玩，一面聽我說「狗經」。我半開玩笑的說，我們家小瑪麗洗的，是小狗專用的洗髮精，這種洗髮精很神奇，人如果用它來洗，也會變成狗呢！

「眞的！」

欣欣聽了高興的說：「如果眞有這種洗髮精，那我要去洗，變成一隻狗。」

什麼？居然有人願意變成狗，眞不可思議。欣欣又說：「當狗多好啊！每天祇要搖搖尾巴，陪主人之外，就是吃飯睡覺，愛幹什麼就幹什麼，多舒服啊！哪裏像我們當小孩的，還要上學、寫功課、學這個學那個、上輔導班……眞是煩死了。」

一個小女孩的心聲，暴露許多家長的不懂教育心理，也不問子女是否眞正喜歡，在沈重的功課之餘，還為孩子安排了，諸如美術、鋼琴、跆拳道、書法、舞蹈……等。美其名爲發展兒童才藝，實質上是剝奪孩子應該有的天眞、休閒時間及快樂童年。

孩子應該是屬於大自然的，青山綠水的陶冶，比學會什麼才藝，更有益於他人生的發展。父母在替孩子報名什麼××班之前，何不先問問孩子：「你是否眞正喜歡？」在一味地趕流行，上××班之前，請三思。何不留給孩子一片自由選擇的空間？

八十四年十二月二十八臺灣日報

眞心的饒恕

子貢問曰：「有一言而可以終身行之者乎？」子曰：「其恕乎！己所不欲，勿施於人。」

子貢請教孔子：「有沒有一個字可以奉行一輩子的呢？」孔子說：「那大概就是一個『恕』字罷！凡是自己不願意的事，絕對不可以施用到別人身上去。」

恕就是推己及人，如心而已，將我心比他心；這對心胸寬廣，有量有德的人並不難做到。對那些心胸狹窄、聽了不中聽或惡意的話，就往心裏去的無量之人，饒恕他人可就沒有那麼容易，「恕」很可能成爲他們必須終生學習的功課。

基督教聖經有兩個很有名的，關於饒恕人的小故事。

其一：

耶穌說：「如果，弟兄中有人做錯事得罪了你，應該憑愛心單獨和他討論，讓他明白錯在那裏。若是他知錯能改，那麼，你不但不會失去，反而能得到一位更好的弟兄！」

耶穌正在教導大家。這時候，有一位門徒發問說：「主啊！今天我聽到饒恕的教導，可是若有一人一直不斷的犯錯，我應該饒恕他幾次？七次夠不夠呢？」

「不是七次，而是七十個七次！」

如果要拘泥於文字，那麼就會曲解耶穌的話意，以為祂要我們饒恕人七乘以七十次，其實如果有一個人，眞的能饒恕人七十個七次，那麼在饒恕人這麼多次的過程中，他一定能體會到饒恕人的眞意，而會不斷地饒恕人，耶穌的本意，就是要人多方饒恕，而非眞的去計算次數。

其二：

也是耶穌的比喻。

有一個僕人，因爲還不出欠國王的一千萬兩銀子，國王要他去將自己的房子、牛、羊、甚至妻子、兒、女全賣了當奴隸來還債。這僕人苦苦哀求說：「國王呀！請寬容我，給我一段時間，我將努力工作，好還清欠您的債。」見他如此懇求，於是國王就答應了他。

這僕人幸運得活命的走出國王的宮殿，在路上遇見一位窮人。這人曾向他借了十兩銀子尙未還他，於是不分青紅皀白打了他一頓，很生氣的掐住他的喉嚨，逼他一定要還錢。這窮人苦苦哀求，說：「先生！請寬容我，給我一段時間，我將努力工作，好還清欠您的債。」但是，僕人不但沒有用愛心饒恕他，甚至將窮人關進監牢之中。

這件事傳到國王耳中，國王非常生氣，認爲這僕人太不應該，國王免了他的債，他卻不憐憫別人，不值得再寬容他。於是命令人把他抓起來，狠狠的打了一頓後，再關進監牢裏面。

最後耶穌教導聽道的人說：

「我們應當隨時地多方饒恕人，就像天父饒恕我們一樣，並且眞心的饒恕，這也是很重要。」

什麼是眞心的饒恕？又如何能眞心的饒恕？

基本上，眞心的饒恕有兩個層次。一是不計較他人的惡，及加諸於我身上的傷害，此是對人的。二是，從根拔除自己內心對那件事或人的怨恨，感謝此事或人對你的幫助及造就，這是對己的。

（關於對己的方面，我必須略加說明，因爲一般人在自己受到傷害時，往往只看到「害」的那一面，其實任何一件事，即使是最悲慘，世人看似無益的事，都有其積極有益的另一影響層面。）

要做到眞心饒恕，可循上述兩個層次來一一破解。首先要不計較他人的惡，明白只要是人就難免會犯錯，而且此惡人雖造成他人一些傷害，同時也使他自己的人格因而受損。在對人方面，不要去計較，有量才有福，這一層若是冷靜，只要能心平氣和應不難做到。

最難的是從根拔除心中的怨恨，但如果不能做到這點，我們在受了一次傷害之後，還要再繼續承受心中滿是怨恨那種不快樂的情緒之二度傷害的折磨嗎？

假使能將受苦視爲對我有益之磨練，那麼就不會再怨恨逼迫陷害你的人，反而要感謝他哩！

受苦也是對我們有益的，爲的是讓你以後幫助受苦的人，去安慰受傷的人，縱然在漫長路中，總有些磨練和困難使我沮喪，但是最重要的是在於妳肯不肯振作起來克服困難，還是灰心喪志被挫折所打敗，滿懷信心與喜悅的心情，凡事就有希望，勇敢地去迎接挑戰。

孔子的學說之精要，主要有仁——二人也。簡言之就是尊重他的存在。恕——如心也。即己所不欲勿施於人。

饒恕得罪你的人吧！不僅是爲了如聖經上主禱文的禱告「赦免阮的辜負，親像阮亦赦免辜負阮的人。」（免我們的債，如同我們免了人的債。）更是要從滿心怨恨的二度傷害中超脫。爲了還給自己一片自由的天空，不讓自己陷於怨恨愁苦的泥沼，我願一生一世饒恕，饒恕所有得罪我傷害我的人，而且是心存感激的眞心饒恕。

八十四年十月十六日臺灣日報

三棵樹的啓示

暑期擔任教會夏季聖經學校導師，聽到一個爲小朋友設計的故事。

很久很久之前，有三棵樹分別是白柳、香柏、杉樹。每棵樹的樹靈都有一個志願，白柳樹希望自己將來，可以被製成一個精緻的寶盒，將世界之珍寶，都收藏在肚子裏。香柏樹則寧願被做成可以遠航的的冒險船隻，到世界各地旅行。杉樹的願望呢，只希望自己長得高大健壯，任何樹都無法高過自己，享有居高臨下的快感。

不知是幸或不幸？

白柳樹長大後被做成一個馬槽；香柏樹成爲一條在加利利海邊，整天與魚臭味爲伍的小魚船；杉樹則被鋸下來成爲兩塊橫木，放在木料場。這三棵樹時常感嘆自己的志願沒有完成，理想沒有實現。

過了一段時間，耶穌誕生了，白柳樹做成的馬槽，成爲放嬰兒小耶穌的地方，衆人都來朝拜；香柏樹做成的漁船，讓耶穌長大後在上面講道給漁人聽；衫樹鋸下的兩段橫木，在耶穌被抓時做成十字架，將耶穌釘在上面。

有一天，這三棵樹的靈魂在天堂相遇了，彼此都感到雖然自己原先的志願未達成，仍舊對人類有所貢獻，而且更顯尊貴了，這樣的一生還是很值得安慰的。

如果有一天，我們的靈魂也到了天堂，回想我們的這一生，可有值得安慰的事嗎？

我們生而爲人，有誰能成爲他所想成爲的嗎？或許也有，但大多數的人恐怕都是，成爲他所不想成的人吧！

心存願望是一回事，願望的實現又是另外一回事。如果因爲這一輩子，永遠達不到成爲自己想成爲的人，那其實也不必遺憾。當你眞正成爲你心中所想像，那一類型的人時，又是不同的光景，你能確定那樣的你，就能毫無遺憾了嗎？

我們降世爲人，就注定要走這有殘缺，不能圓滿的一生啊！

那三棵樹雖然都未達成願望，成爲不是原先自己希望成爲的，仍舊發揮他們存在的意義，功效，且更顯珍貴。我們如若成爲不是我們心目中希望的，焉不知此不能如願之身份，其實更適合我們自己吶。有否更顯尊貴，往往也都是一念之間的問題而已。

世界不斷地在變，每個人的人生都存在著太多不可預知的變數。如果小孩誇下海口，說，我長大以後一定要如何如何。其實際情況是，他只能儘可能的如何如何。例如當五、六十年前的人，排著隊在醫院掛號，他們能想像，現在的人，掛號根本不須要排隊，只要打個電話，電腦語音系統會自動幫我們定好看病的時間，多方便啊！

心存願望是好的，願望無法達成時，也不必太難過，就讓此願望，昇華爲永存心間的一份美的懷想吧！想想自己經歷的許多，非自己預期的事，看看在變數中自己的表現，其實也有很多值得安慰的事，不是嗎？

八十四年九月二十三日臺灣日報

代禱的愛

今天分享信息的廖傳道，要我們讀聖經路加福音十二章22節到32節，談到「勿慮衣食」那段。讀完經並要每一位在座的小組成員，提出自己罣心的事，大家彼此代禱，學習完全信靠神的帶領，將重擔卸下。

不要罣心

當我把自己最近常常操心的事說出，大家一同為我禱告時，我才知道神是如何透過小組成員的關心來愛我們。眞的，我們可以如路加福音十二章29節所說的：「你們不要求喫甚麼，喝甚麼，也不要罣心。」單單來仰望神的帶領，「因為生命勝於飲食，身體勝於衣裳。」

要做到不要罣心，說來容易做來難。我們明明知道沒有人「能用思慮，使壽數多加一刻。」然而遇到難纏的麻煩事時，心情焉能不沈重？心頭有事未解決，又如何能不罣心呢？

唯有信靠主，完全地信靠。

信心這門功課，實在是靈性增長與否的關鍵。司布眞（C.H Spugeon）說：「在受試煉的時候，我們的信心最大。一切不能忍受試驗的，都不過是肉體的信心。順境中的信心不是信心。」

求主開心耳

又有一次，我們「多加小組」與廖傳道，到一戶小孩失聰的家庭中做關懷代禱的工作。我原以為我們去的目的，主要就是希望經由我們的代禱，使那小孩能蒙神的憐憫醫治，很快恢復聽力。

到了那個家庭之後，廖傳道竟說：「今天我們來，最重要的不是要向神求一個奇蹟，叫小孩的耳能聽見世界的聲音。最重要的是要向神求，求祂開小孩的「心」耳，能聽到屬靈的聲音。而且要求神看顧保守小孩的身、心、靈，引領他一生一世走在神的道路中。」經過一段時期的代禱，那小孩蒙神的拯救，聽力恢復正常了。

以往，我參與代禱的工作，到人家家庭做禮拜、探訪時，總以為自己是在為神作工，在付出，在給出關懷、給出祝福，給出時間精力。然而，漸漸的，我也嚐到在「給」的同時，自己的靈性也因此而有長足的增長，這樣的「得」，是我原先所沒有料想到的呀！付出關懷、給出祝福，其實是我們得到關懷、得到祝福，及靈性增長的開始。

八十四年十一月十二日基督教論壇報

女傳道會與我

去年聖誕節，教會女傳道會黎會長，邀請我參加女傳道會每週四早上的聚會。起先我很疑惑，女傳道會是像我這樣三十出頭的人去的嗎？因爲我們教會中女傳道會的成員年紀偏高，使我猶豫不決。

日久生情

我倒不是討厭與老姊妹們相處，而是心裡總覺得年齡跟她們不相稱，卻處在她們中間，怪怪的。參加了之後才發現，會員中也有年齡與我相仿的，不過所佔的比例很低，約七分之一不到。這也顯示出傳統教會人口老化的問題。

半年多來，參加女傳道會的活動及聚會，不知道是「日久生情」還是「見怪不怪」？我愈來愈覺得能夠常常與她們相處，是一件很愉快的事。因爲她們多半是已得救、明瞭神豐富救恩的熱心基督徒；她們勇於付出關心、熱心幫助人，又時時爲人禱告，互相鼓勵勸勉。

一個活見證

有一次，教會中有位姊妹生產，家中乏人照料，我到醫院探視時，有一位老姊妹在旁照顧產婦，我本來以爲她們有親戚關係，一問之下，才知道，她們只是教會的會友關係。這位老姊妹就是女傳道會的會員，她甚至還一直照顧她到坐完月子爲止。這樣眞誠的付出，而不求回報，不就是基督愛世人的愛心嗎？這實在是個活見證。

一般人很容易迷惑於事情的表象，沈溺於成見，事實上許多事情不一定如我們想像的那麼糟。

更有歸屬感

原本我在教會中的活動，僅限於主日崇拜，自從我參加女傳道會之後，生命開始有了小改變。起先僅在主日上教堂，認識的人有限，且均爲點頭之交，一點也感覺不出我與教會的親密。如今由於這改變，我更愛我所屬的教會了。

聖經以弗所書一章22節、歌羅西書一章18及24節、希伯來書十二章23節中都提到教會以救主爲元首，衆信徒爲肢體，因著主而得聯合，且蒙主豐富之恩德，漸成主的聖殿而爲聖靈所居之處。女傳道會在教會中屬於女性基督徒團契，我從此團契中所得的歸屬感，深深領悟信徒是基督肢體，而且肢體必須互相聯結，才能產生力量，榮耀天父，在靈裏喜樂。

八十四年九月十日基督教論壇報一五三六期

晨更的滋味

在美仁浸信會聚會已九年有餘，每次看到週報上印出參加晨更的人數及經節，心裏總是很好奇，一大早到教會，他們都在做些什麼呀？

某日新來的盧傳道，談到他們有一日晨更，教會的幹事開車送大家上陽明山。在繁花盛開的早晨，曉霧迷漫的山坡，青山綠水杜鵑花……。多美啊！我不禁大叫，那以後我也要參加晨更。盧傳道說：「非常歡迎！」

到教會領東西

心裏想是一回事，眞的要付諸行動，又有許多問題須克服。首先要把家人的早餐安排好，原本都是我負責家人的早餐，不能因爲我參加晨更，而使家人感到不便。這樣預備參加的心情，持續了一陣子，還是沒有去。直到聽了李莉芳姊妹的見證。

她說：「我母親不明白，別人上教堂都只有禮拜天去，爲什麼我是天天去。我只好告訴她，我是到教會領東西的。我只有這樣說，她才能理解，爲什麼我必須每天到教會。」

「到教會領東西！」每天，在晨更的時候。

究竟在晨更時能「領」到什麼？當然只有親自參與的人才能體會。於是我克服了許多技術性的問題，鼓起我最大的勇氣，像個探險者一樣，半猜測、半摸索（週報未印出晨更的確切地點）地來到晨更會場，美仁會堂的地下室。

支取上頭來的力量

我第一次參加的晨更，從七時到八時半，內容包括唱詩、讀經、簡短信息、禱告，其中禱告的時間最長。由於地下室是韻律教室，來晨更的會友，或跪或盤坐各種姿勢都有。第一天一個半小時跪下來，只覺得酸、痳，回家後也只能以一個「累」字來形容。

經過幾次的晨更經驗，我漸漸習慣，也有了到教會「領」東西的感覺。是的，我是來支取從上頭而來的力量。我們個人在家靈修固然也很好，然而若能在早晨，利用晨更時間，與弟兄姊妹聯結一起，將這段時間分別爲聖，一起來敬拜、讚美、禱告、親近主，這是何等佳美之事啊！

每日晨更，每日讓自己與弟兄姊妹一同在靈裏更新屬靈生命，讓神的靈住到我裏面，如哥林多前書六章17節所言：「與主聯合的，便是與主成爲一靈。」您想知道晨更的滋味嗎？請親自品嚐！

八十四年十月十五日基督教論壇報

更加與主親近

有過聖靈澆灌之經驗，享受過神賜下的生命氣息的人，會時時渴望與主更加親近。我就是心存這樣渴望的人。

常常從自彈自唱Lowel M作曲的那首「與主接近」，心裡得到無限安慰。這首詩歌的歌詞很簡單，除了重複唱「更加與主接近」，就只有「縱使在十字架，高舉我身，我心依然歌詠。」兩句。但這短短數句歌詞，卻說盡了所有基督徒的唯一盼望—在世時遵守神的律例，不論有何境遇依然感謝讚美歌詠，期待有朝一日蒙主恩召，重返天家享受天國的福份。

雖然大部份基督徒，都有追求天國道路的永生盼望，但是由於「與主接近」這首歌時常在告別式禮拜時唱，許多基督徒竟都忌諱在平時（沒有人去世的時候）唱這首歌。

有幾次在我家舉行的家庭聚會中，我提議衆人一起唱「與主接近」來讚美主時，總是有人反對。有一位姊妹甚至說：「啊！千萬別唱那一首呀！我也很喜歡那首曲子，在某次聚會中選唱了，結果散會之後，接到了一通罵我的抱怨電話，是來參加聚會的會友打來的，叫我以後若不是告別式禮拜，別再選唱那一首曲子了，因爲他們唱完那首之後，心裡總覺得怪怪的，回家之後就生病了，病了兩、三天才好。」

怎麼會這樣呢？多半是心裡作用吧！或者是信仰不堅定的緣故，否則，我常常自彈自唱那首曲子，每天只有更加喜樂，也不見生病什麼的。

相信耶和華是唯一的，而且是大而可畏的，不是一般沒有潔淨的罪人能夠接近的。熟讀聖經的都不難發現，世人要見主面最直接的兩個途徑——一是經由死亡；二是自潔。

在禁食禱告中，我常常向神祈求，「主啊！求祢讓我更加親近祢，讓我安歇在祢懷裡，讓我面見祢的榮光。」在如此求之前，當然先認罪悔改、反省己過，求主的寶血洗淨。

當我這樣禱告一陣子時，神啓示我每天黎明時一定要看日出，黃昏時一定要看日落。我居住在大臺北東區，狹窄的公寓裡，四周都是高樓大廈，如何能看日出日落呢？

我便爬上頂樓，登上高梯，每天清晨，每天黃昏，從日出日落中，我看見、我看見了，看見神的榮美在天象的變化裡，在晨曦微雨中，在彩霞彤光的流金裡，在冉冉上升、冉冉下降的紅日中，主啊！謝謝祢讓我更加親近祢。

八十四年八月基督教論壇報一五三二期

做你自己

沒有自信心的人，很難眞正的喜歡自己，更難欣賞屬於自己的一切，因而對自己所遭遇的種種，也許是幸，也許是不幸之事，時常口出怨言。一見到人，總有許多苦水要吐一吐、像這樣連自己都不喜歡自己的人，更別指望他人來喜歡你，欣賞你了。

當我們極度厭煩自己的生活時，感嘆埋怨之聲，最常聽到的是「假如我是××人就好。」事實上，當你眞正是××人時，那時又是什麼光景呢？恐怕也有許許多多，不足爲外人道的苦惱吧！

基督教有一首詩歌「換來的十字架」，歌詞的內容頗發人深省，大意是說：一位疲乏的姊妹，以爲她的十字架一定比別人的更重一些，因此希望和別人換一個背背。（見「荒漠甘泉」）

一天，她做了一個夢。夢中她到了某個地方，在那裡橫著許多十字架，各種形狀不同的十字架。有一個小十字架形狀最美麗，上面鑲嵌著寶石和黃金。這位姊妹一看見就覺得「啊，這個背著一定舒適又有光彩。」她把它拿起來，豈知她虛弱的身體，竟在這個十字架下震顫了。

寶石與黃金果然眩目寶貴，可是它們太重了，她背不動。

後來，她又看見一個可愛的十字架，雕刻的十架上，盤著美麗的鮮花。她以為這一定容易背了。她將它舉起，誰知鮮花下面，有許多尖銳的刺，刺痛了她的皮肉。

她一步一步向前走去，一個一個試著，發現每一個十字架，都不容易背。最後，她看見一個樸素的十字架，上面沒有寶石，也沒有雕刻，只寫了幾句勉勵的話。她拿起它來，覺得這是許多十字架中最容易背的一個。她向它仔細一看，在陽光下，她認得這原來是她自己的舊十字架。啊，這個舊十字架竟是許多十字架中間最好、最輕的一個。

我們每一個人來到這世界上，都有許多不可突破的極限，限制著我們，使得我們只能依有限的條件，向某個特定的方向發展。這不可突破的極限，用基督教的慣用語來說，就是你這一生應當背的十字架。當我們走在人生的旅程之中，總有一些令人恐懼，似乎擔當不起的憂傷，用基督教的用語來說，那也是你當背起的十字架。

抱怨的心態，時常阻礙我們欣賞自我、欣賞他人，人生缺乏包容與欣賞的情懷，這世界豈不是眞正成爲「悲慘世界」了嗎？畢竟你終究還是你，而不是某某人，何必抱怨？

中國人有一個壞習慣，喜歡「比」。一旦要「比」，就難免落入誰高誰低的困境，有了高低就不免要定個輸贏。心理健全的還好，心理不健全的，是不是贏的人，更加驕傲自以爲是，輸的呢，只好更加棄絕自己，然後豔羡那些「比」我們「好」，「比」我們「強」的人呢？或者產生「如果我是某某人就好」的迷覺呢？

近日，由於我時常投稿至基督教論壇報，每每刊登，教會中有些姊妹看到了，居然對我說「妳寫得很好，很像張曉風……。」我知道這話是一種客套，俗世的推崇，然而我心知肚明：「我是我，張曉風是張曉風。張曉風女士是位優秀作家，我也願意尊敬她，但我以我是我自己爲榮，如果我希望我不是自己，那就是對自己、對父母、對上帝的大不敬。」

我們每一個人在世上，都是惟一的，無可替代的。

第一次明白知曉我不是張曉風，是我將自己平日發表在各報刊之剪報，整理成冊，交某教會文字中心、看能否出版，主其事的一位我認識的師母對我說：「你不是張曉風……所以……」沒有張曉風的知名度，書稿被退，屬意料中事。

但，我堅決相信，有朝一日，會有願意與我合作的出版商。而且，我很高興我是我自己，我不必希望自己是某某人。我確知每個人都有屬於他的福份，我也有，你也有。

你曾經想過「假如我是某某人就好」這樣的念頭嗎？快快放棄這無濟於事的念頭吧！羨慕他人就會容易產生嫉妒，而忘記開採自己本身內在的寶藏。

就讀空大，是開採自我內在潛能（寶藏）的最佳方法。也許我們甚是卑微，也許我們真的不是很傑出，也許我們的人生有許多缺憾。縱然有太多太多的也許，可以確定的是，我們可經由師長的指引，在學業上有所進步；我們可以經由努力向學，而開創出屬於自己的前途。最最不必懷疑的是，我們永遠可以安心的做我們自己，而不必羨慕任何其他的人。凡屬於我的，我都要「承受」。換另一個角度看，也可說：凡屬於我的，我都要「享受」，你呢？

八十四年十月十日新生報

旁聽一族

到大學旁聽，對有心學習，卻由於種種因素，無法成爲正式學生的朋友而言，是一種很好的學習方式。

說起旁聽的優點，第一，沒有考試的壓力；第二，不必繳學費；第三，不用寫作業；第四，不用點名……。可以在比較輕鬆、沒有壓力的情境下學習，心情自然愉快。

當我與同是旁聽一族的朋友，分享旁聽經驗時，發現很多人是虎頭蛇尾型的，能「從一而終」的聽完一門課兩學期的並不多，如果有的話，必定有很強的學習意志支持著。有人用「一座孤島」來形容旁聽生與正式生格格不入的窘境，我認爲這其實是可以突破的。

雖然每回第一次到課堂旁聽，總會聽到有人自問或問同學：「我有沒有走錯教室？」我通常微笑以對，堅持相信人是感情動物。果然，這學期旁聽的「教育心理學」，正好去年我聽別的課時，已經跟這班同班過了，當教授要求每四人分一小組，以便討論及做作業時，附近的同學就主動要與我一組，沒有棄絕我，令我頗感欣慰。

人實在是感情的動物。也許有人認爲，既然是旁聽生，老師大概不會認識你，也不太會照顧你，這是大錯特錯。大部分的老師，你有問題去請教他，只要投緣，他一樣非常樂意指點你。

在我的旁聽經驗中，就曾遇到一位很投緣的K教授，很有愛心，知道我有生病的家人，特別送我可以治病的酸奶，和相關的書籍；我覺得向他學習，眞是獲益良多。

朋友，聽了我美好的旁聽經驗，你動心了吧！歡迎加入旁聽一族。

八十七年四月五日活水一五七期

佛學與我

王邦雄教授在空大中國哲學史最後一個講次說：「整個臺灣最大的文化主流現在是佛教界。」這話說得一點也不誇張。從街道上三步一家素食館，五步一家佛教文物中心可窺其一斑。

空大這學期開的宗教哲學，礙於篇幅其談到佛教的部份，都是相當基要的，有興趣研究佛法者，除了要有慧根之外，還須靠自己多研讀佛典，多思考其中的問題。

從會搭車開始，我就自車站的善書櫃，接觸佛書；那時年紀輕，都是在等車無聊時隨便翻翻，其中有些故事性濃厚的，也頗能引起我的興趣，但總是似懂非懂。及至年歲漸長，於臺北謀職，亦經歷了諸多人、事歷練，開始漸漸明瞭個中旨趣，然亦有部份專有名詞看不懂。

有一日於某醫院候診，在善書箱發現有份佛教雜誌，是某寺贈閱，上面說有任何佛教方面的疑問，歡迎去信詢問，我就開始寫信向該寺的主事法師請教。就好像參加函授課程一樣，我問的許多問題獲得解答，雖然有的回答我不十分滿意，不過很高興只要提出問題，就有人回答的這種學習方式。其間當然也看了一些比較通俗的佛典、佛陀傳，及高僧傳。有一回法師寄贈一本《佛學常見詞彙》給我，使我如獲至寶。舉凡佛教用語「名相特多，詞意又艱深」，本詞典之蒐集均以語體文註釋，對初學者很方便，尤其對我這種想學又沒有背景（我家三代信基督教）的人，更是提供莫大的助益。

可是有天，法師認爲我既然對佛學如此有興趣，何不參加該寺的專修班，他們的待遇是供膳宿，品行端正成績優者可長住，該寺負責終身之事，每月隨眾念佛，一百小時以上者，發給五百元單金，品行優者另有年終獎金。接到這樣的招生通告及邀請，我就停止與法師通信。

實在是我一聞到香的味道，就會頭昏眼花全身不舒服，怎能走進寺廟呢？今年我得知某大中文系居然開有佛學概論的課，得便欣然前去旁聽，這使我不必進入寺廟，就可以聽聞佛法，眞是上帝賜給我的好機會。這門課有一學年兩學期，我是下學期才去的。

聽了授課的王開府教授講解許多佛學的基本理論架構，有助於我對整體佛典之理解，而不被那些專有名詞給迷惑住。更令人興奮的是，佛學是門很實用的學問。有次王教授教我們止觀法的一種，就是說，如果你很容易動怒，當你要發怒的時候，就把注意力集中在你的鼻子，看著鼻子，這樣你自然不會生氣了。我告訴某位愛動怒的朋友試用，過一陣子他打電話告訴我，「耶？眞的很有效吔！」

雖然去旁聽了一學期，我覺得還是有很多地方很難理解，現在是放暑假，又沒有老師可以請教，苦惱之至。例如《大佛頂首楞嚴經》中「徵心辨妄」那一段，只要阿難（佛弟子）說什麼，佛就將其說否定，待阿難要附會佛的說法，佛亦不以爲然，眞是弄得讀者滿頭霧水。不過，也可能是我缺乏慧根，所以尚未能了解佛「說」的究竟要旨何在？

印順法師在《雜阿含經論會編》的序說「佛法是簡要的，平實中正的，以修行為主，……」這當然是修行很久的高僧才能如是說，否則，像我這般的初學者，體會到的是，除非老師常常在身邊，可以隨時為你解惑，不然佛法是深奧難懂，無所適從，是「無上甚深微妙法」。

也許佛學難懂，正是其吸引人的地方。

王邦雄教授曾說：「我們唸中國哲學史的人，一定要有一點了解，中國文化的主流應該是儒家，不應該是佛教，那麼佛教獨領風騷，對我們中國人來說不是好事情，它畢竟是出世的宗教。我們是一個今生今世的國度，……」這樣講，當然不是否定佛教的價值與貢獻，而是另有一番深層的看法。

宗教儘管教義不同，最需要的是互相尊重，我有一些佛教徒朋友，我很喜歡與之交往。我發現只要我尊重其信仰，他們也很尊重我的信仰。而且與虔誠的佛教徒來往，可以互相討論佛學，此亦人生一樂也。

八十五年八月二日臺灣新生報

東坡萬里藏三卷

空大文字學的「聲韻學」部分已經結束了，這門學問對許多人來說，可謂枯燥至極，甚至不明白我們爲什麼要學「聲韻學」？學了能有什麼用處？

教科書第七章第二節雖明白告訴我們，爲什麼要學習「聲韻學」：㈠掌握語音變化的規則；㈡深入瞭解現代國語音系的結構；㈢研究現代方言的基礎。看了這些條目，而能對此科目感到有興趣的人，恐怕少之又少。

老實說，每次看電視教學節目，林慶勳教授主講的「聲韻學」，我雖都事先預習了，還是有「追」不上進度的感覺，近代音部分還好，講中古音及上古音的部分，眞是叫人喘不過氣來，而且看完電視教學之後，還是很難理解那些古人發明這麼多上古韻的分部方法，到底有什麼用？如果沒有用，那不是用來折磨人的嗎？啊！難怪本次期中考，文字學二、三十分的人一大堆，還有同學打電話向面授老師表示，這一科太難了，他不想唸了。

秉持向困難挑戰的精神，愈難懂的科目，我愈是要弄懂它。學期一開始，我到某大學旁聽陳新雄教授的聲韻學。

奇怪的很，第一次上課陳教授兩節滿滿，都在介紹宋朝詩人蘇東坡。從他的功名事業仕宦之途，到佚聞、名詩詞像水調歌頭，廬山煙雨浙江潮、「謝上表」等。第二次上課，他還是講蘇東坡，那些正式學生就竊竊私語地說：「老師蘇東坡不知道講完了沒，他是不是忘記是來教我們聲韻學的了？」我也感到奇怪，蘇東坡與聲韻學有何相干？

直到陳教授把他《書略證補重刊賦事》代序：那首詩抄出，大家才明白，原來他用心良苦。該詩如下：

念年燈火校蟲魚，析字論音意皦如。

已有眞知承絕學，又翻舊典出新疏。

東坡萬里藏三卷，炎武千秋炳五書。

一脈相傳量守業，此生幸作瑞安徒。

（註：邵博聞見後錄卷二十七：李方叔云：「東坡每出，必取聲韻、音訓、文字複置行篋中。」陳師謂：學者不可不知也。）

東坡萬里藏三卷，意思是說，蘇東坡每次出門，必定隨身攜帶聲韻、音訓、文字這三卷聲韻學的參考書，以便詩興大發要作詩填詞時，可以隨手取得。

陳教授爲了引起學生對聲韻學的興趣，不要被它的枯燥「嚇」著，因此從蘇東坡談起，認爲東坡所以詩作得好，主要是拜精通聲韻之所賜，是故吾人焉能不學「聲韻學」？

又舉趙元任為例說，趙元任堪稱近代漢語之父，他於民國十八年帶學生到「國際學舍」演講。因為他懂得「聲韻學」，因此大放豪語：「我敢大聲的說，三天之內，我可以用當地的方言演講，當地人聽不出我是外來的。」

「聲韻學」之用還不僅如此，可以從某方言的已知音，而推出同韻類的其他音之唸法。有人說學「聲韻學」是扼殺性靈，中（國）文系沒有出大文學家，眞是一派胡言……。

聽了陳教授這番話，我對聲韻學雖仍不是很喜歡，至少已經不那麼討厭了，因為它的確有大用。只是要精通這門學問，要有很大的耐心，做很多煩雜的作業，比如，廣韻韻紐反切上字、下字練習，光是這作業，就要作三個月，耗掉很多時間。其他像系聯的作業，有時為了找一個字來聯，找一個上午仍未有所獲者，所在都有，更深的作業，就不用再提了。

基本上，「聲韻學」是一門必須循序漸進的科目，有些練習，一定要親自做過，也把其中道理及重點規則熟悉了，才能往前研究。無怪乎，我空大的同學，僅僅看電視教學（有的人甚至連看的時間也沒把握住）沒有確實做練習，當然看教學節目時，有許多地方無法進入狀況。

就學問而言，每個人的成就都不是憑空而得，回首參考陳新雄教授的求學歷程，也是經過一番寒徹骨的，他在《訓詁學》自序中有段話說，當他的老師贈他《廣韻》之後，「余謹受教，退而循師指示，披尋《廣韻》，逐韻逐字，析其聲韻，勒其部屬。初明義例，興味盎然，習之漸久，艱難時見，而志亦稍怠惰。師每察其情，必諄諄告誡，再三激勵；並爲剖析疑滯，必令盡釋而後已。因能終始其事，未曾中道而廢。及今思之，設非吾師之苦心孤詣，誨之不倦，又曷克臻此者乎！」

即使是陳教授，於其學習過程中，仍需要在他「艱難時見」時，有良師在旁：「諄諄告誡，再三激勵，並爲剖析疑滯。」最後才能成爲如今有一番成就的學者。我輩何人，能不自勵，就良師而從學乎？

要出類拔萃，就要吃得苦中苦，人家不做的你做了，人家耐不住的枯燥，你耐住了；那麼，人家不懂的，你懂了，這樣才能超越群倫，也超越自己原來的鄙陋。

八十五年七月十三日臺灣新生報

「五音」次序探源

——從流行語「打波兒」談起

近日認識的C教授喜歡研究流行語，且於電台講述各流行語之由來。某日他特地將錄音帶攜至家中，播放給我聽，其中有一段談流行語「打波兒」的起源，他說：

接吻，是兩個人唇與唇之間親密的接觸。從前，對這一動作，最直接的就叫「親嘴」，也有人喜歡用英文來說：「kiss」，有些人學洋派，英文又不太靈光，就叫：「打開司」；但如今流行語，卻不說這些，而叫「打波兒」。

我起先不明白，何以接吻叫「打波兒」，後來，研究了很久，才知道是英文「Double」的譯音，兩個人的嘴唇重疊在一起，不就是「接吻」嗎？就像現代年輕人，喜歡被人說「酷」，也就是英文「Cool」的譯音，是同樣的意思。……

以上的論點，C教授是從「外來語」的角度，來解釋「打波兒」的掌故。可是我正在學聲韻學，（本科包括在空大文字學教材中），對「打波兒」一詞，若從聲韻學的角度來探討，我認爲其起源，應該是從五音來的，五音上溯至唐朝涅盤比聲，有「比聲」二十五字由印度傳來，此二十五字分屬於舌根聲、舌齒聲、上咢聲、舌頭聲、脣吻聲。

脣吻聲：波〔pa〕、頗〔bba〕、婆〔ba〕、婆去〔bba〕、摩〔ma〕。

因而我推測「打波兒」的「波」，應該是從脣吻聲的波〔pa〕，指兩片（當然四片也一樣）嘴脣接觸所發出的聲音。於是，我拿出空大教材《文字學》翻開第二七三，請C教授看「五音」的部分。

「五音」在聲韻學中是指聲母的五種發音部位，也就是：喉音、牙音、舌音、齒音、唇音。

C教授看了之後，對於唇音包括唇吻音，打「波」兒的「波」可能從這裡來的並無異議，卻對空大教科書中的「五音」排列次序有異議。他認爲五音之排列次序應該是：喉音、齒音、舌音、牙音、唇音，才合乎聲音由內而外之發聲原理。並指出空大教材之排列次序可能有誤。

爲了探究五音之排列次序，我查閱了許多書籍，發現其次序不盡相同。

《中國聲韻學通論》中就有幾種不同排列方式如左：守溫三十字母—脣音、舌音、牙音、齒音、喉音。

黃君四十一紐—喉音、牙音、舌音、齒音、脣音。

《等韻述要》33頁韻鏡各轉分聲母爲「脣」、「舌」、「牙」、「齒」、「喉」、「半舌」、「半齒」七音。

爲什麼同樣指聲母的發音部位的「五音」、「七音」，卻有不同次序之排法？究竟空大教材之五音排列次序有無錯誤？正確的應該如何排法？是誰的正確？

為了解除疑惑，我得便向我們的「太老師（註師大陳新雄教授）請教，陳教授說：

喉音、牙音、舌音、齒音、唇音（空大教材之排法是沒有錯的。五種發音部位，聲音由內而外所經過的路線就是如此，先經過喉嚨；再牙、舌、齒、唇。若排列成「喉、齒、舌、牙、唇」沒道理，牙在近喉處，齒在近唇處。

那何以其他書上的排列次序不盡相同？

陳教授說：那些（有的是畫成表格的）另有其他用處。（不受此排列次序之限，為求能符合製表者之使用方便、對照清楚為要。）

經由這番探究，我已然明瞭何以C教授會指稱，五音次序為喉、齒、舌、牙、唇；而說空大教材之喉、牙、舌、齒、唇為錯的。主要關鍵在於他不是教聲韻學的，國學程度等同於一般人，把牙、齒之意義弄混了。眞是隔行如隔山。

按，現代人講牙齒，牙與齒已經不分。若有分別，則說門牙、臼齒，以為牙是靠近唇的，齒是靠近喉的。古代對牙與齒的用法，正好與現代一般人之說法相反。

《說文解字》：「牙，壯齒也。」又段玉裁注：「壯大也，壯齒者，齒之大者也。」「統而言之皆稱齒稱牙，析言之則前當唇者稱齒，後在輔車者稱牙。牙較大，於齒非有牝牡也。」

在許慎的時代，「牙」是指近喉，如今叫「大臼齒」，「齒」為靠唇今名「門牙」。聲韻學採用古代說法，所以五音排列次序正確的爲：「喉音、牙音、舌音、齒音、脣音」並沒有錯。

八十五年七月十三日臺灣新生報

無獨必有對

我很醜，可是我很有骨氣。

美國田納西州長，有段特殊的人生經歷。

與許多空大同學接觸後，發現幾乎每一位到空大來求學的同學，背後都有一段不可謂輕省的人生經歷，而我們共同要面對的常常是整個家族，甚至是整個工作之大環境的嚴酷考驗。於是有些人難免爲背負著沈重的，暫且稱之爲「命運」的鎖鍊，而心生怨懟。

爲何要讓生命如此沈重？我們都是該當被「命運」、「環境」所挾制的嗎？——不！

美國田納西州有一個長相很醜的小男生叫庫柏。自小父親因爲他長得醜，而覺得很沒面子，竟而離家棄他們母子不顧。母親也因爲庫柏的醜，造成其婚姻不幸而對他心生嫌惡。每次看到他那黑皮膚、小眼睛、塌鼻子就很不高興，暗自埋怨：「上帝啊！我是否做錯了什麼？怎麼會生下這種小孩，他到底像誰？」因此，只要孩子問她：我父親是誰？她就出手打他，造成庫柏有語言障礙，再也不願說話。

基於信仰，只有周日，看在上帝的份上，帶他上教堂。庫柏在教堂只是跟在母親身旁，連主日學

（教會中為小朋友設的宗教課程）都不敢去參加，而坐在最後一排。他自卑的小小心靈中，只有在聽牧師講道的時候，才能感到有一絲滋潤。即使如此，他總是儘量躲藏自己，因此在那個教會做禮拜數年，亦沒有一位教友認識他。

當他是個小學生時，有天在教會的周報夾頁中，發現某月某日的佈道會消息，他很希望能去參加，一直要求母親在那日也帶他去聽道。可是到了那日，母親要忙工作，就叫他自己去。他很高興的跑到最前面，接近講台的位置。

牧師在台上講道，庫柏愈聽愈感動，但牧師及衆會友都覺得很奇怪，怎會有一個怪孩子蹦出來，坐在最前面？會友們都以很奇怪的眼光看他。長老也想了解他，就走近他，問：

「孩子，你從哪裡來？你爸爸是誰？」

庫柏從未看過他爸爸，所以也不知如何回答，只是心裡很難過，難道教會的人，也要因他長得醜而排斥他嗎？正在驚恐時。這牧師上前來拉他的手，就對他說：「你是天父的兒子，而且你看起來很有骨氣。」

因為牧師的這句話，庫柏終於知道自己的「父親」是誰，而抱著牧師放聲大哭。而他也眞的如牧師所言「很有骨氣」，長大了成為田納西州的州長。

「你看起來很有骨氣。」這句話也許只是牧師一時脫口而出的安慰話，實在是他長得既不漂亮又不可愛，只好用「有骨氣」來鼓勵他，沒想到這句話成為庫柏一生受用一盡的座右銘，他眞的成為很有骨氣，而且很有出息的人。

曾經，身材矮小是我心中的痛，加上自己長相也不怎麼樣，在這個傾向以貌取人的世界，處處碰壁。印象最深的是有次想報考軍校，規定身高必須一六五始得以報考，而我這一五九點五的小不點，只好見棄門外了。

沒有辦法以「儀表」身材取勝，只好充實內在，以投稿的方式，走出個人的一條寫作之路。當然，人不能以身材長相論英雄，不過有許多女孩子擇偶時，都希望自己的丈夫不要「矮人一截」，也是不爭的事實。然而，現實人生往往不從人願，這就是所謂的「命」。

命，就是你對它沒有辦法，無可抗拒的事。雖然不可抗拒，卻是可以超越的。像庫柏的醜是命，但並不防礙他成爲有骨氣的州長。教中國哲學的王開府教授說：「你可以做自己人生的編劇、導演。性格是後天的塑造加上先天的氣質。塑造的過程，是有選擇性的。」

易言之，不僅僅是上帝創造了你，父母生下你，更是你自己塑造了現在的你。不能完全推諉給環境因素及命運。因爲在塑造的過程中，或彼或此，或非彼或非此，都是由你抉擇的。

雖然明白，人生過程我可以主宰，憑後天努力即能改善任由我意的部分，每當生命中有所痛失（例如親愛之人去世）仍不免傷痛時，又如何釋懷？請看先哲程明道的一段話：

天地萬物之理，無獨必有對，皆自然而然，非有安排也。每中夜以思，不知手之舞之，足之蹈之也。

這話是將「理」字落在經驗世界來說的，指經驗世界有其對偶性範疇。有美就有醜，只是庫柏剛好是醜。有高就有矮，只是我剛好是矮的。從對偶性範疇知曉，有白天就有黑夜，有生就有死……了然於此，自然不會計較自己的命定，也不用擔心、牽掛所有要發生於己的事，因爲這些事都是自然會有的「變化」不用執著，更不必因爲一切「變化」而難過傷心。悟到了這一層「理」，所以明道「每中夜以思」，半夜想到了，都高興得「手之舞之，足以蹈之」。

辛苦的空大人，也許你們背負著命運的鎖鍊，覺得有時不免要承受不起了，想想明道先生這段話吧！即使不能讓你對一切釋然，也請不要叫你的人生太沉重。

八十五年元月三、四日臺灣新生報

唐詩賞析話詩觀

最近在某刊物上，看到有兩位作家，爲唐朝詩人張繼的〈楓橋夜泊〉這首詩而打筆戰，爲何會引發這場筆戰？我分析了之後發現，除了一些瑣碎的考證問題之外，引起他們筆戰之因，主要是「詩觀」不同。甲作家謂：「對於古人的詩句，本來就可以有多種不同的說法，因每個人的觀點與角度不同。」乙作家則說：「對古人詩句的解釋，尤其是千古警句，解釋者必須客觀，遍覽前人及同時代學者的評析（含外國的漢學家）爲緯，以美感爲經，來解釋詩句，最理想貼切的解釋應該只有一個，不可能有多種。」

原則上，兩位作家均所言不差，惟甲是從欣賞者的角度來談，乙則從國文教學及學術整合的立場來論。所以沒有誰對誰錯（指詩觀不談枝節）的問題，只因立場不同而意見分歧。

事實上，讀者有再創作的權利。根據意大利美學家克羅齊（Benedetto Croce）的理論，其中有條談到：「藝術不是物理的事實（Physical fact）」。

所謂「物理的事實」就是文字、聲音、顏色、形體等等傳達的媒介。一般人所謂「創造」包含：想像及傳達兩種活動。「想像」是心中醞釀出一個具體的情境，就是直覺到一種情趣飽和的意象。「傳達」是選擇一種媒介或符號，把心中的意象翻譯出來，留一個固定的具體的痕跡，可以傳給別人看，或是留給自己後來看。例如，把詩寫在紙上，把樂想譜成歌曲……等。

通常我們稱之爲藝術之作品，都是經「傳達」出來的詩作、畫作……。如果祇是一個存在心裡的意象，還沒有表現出來成爲作品，就還不能算是藝術。然而，克羅齊則認爲，創造在第一步—想像—就已經完成了。藝術的活動完全是心裡的活動。心裡直覺到一個形相，就是創造，就是表現，這形相本身就是藝術的。至於「傳達」不過是把已在心裡醞釀成的藝術，用物理的符號留下痕跡來，祇是一種「物理事實」。

申論至此則張繼之詩作，按克羅齊之理論，是爲一種「物理事實」明矣！必待讀者讀此詩作，進行再創作，產生聯想，想像時才有所謂的「藝術」。又每一個人的生活經驗，人生閱歷互異，雖讀同一首詩，產生的意象則不盡相同。當然也有普遍共同之意象存在之可能，而其差異性則更爲顯著。所以如果能超越國文教學，一定要有所謂正確定準之釋詩框架，那麼詩的多義性是不容置疑的。

我們非常肯定每一位國文老師對國家的貢獻，若以教國文課的立場來論，解釋詩句「最理想貼切的解釋應該只有一種，不可能有多種。」一點也沒錯，否則考試如何出題，如何定標準答案？聰明（換另一角度言可能是笨的）學生應考時，只要背標準答案。

問題是最理想的解釋，應該只有一個，而且很可能每一個人有一個，誰也不服誰。其實也可說誰也不必服誰，只要不涉及考試作答的問題，欣賞詩是可以主觀且任意聯想，沈浸在每個人自己再「創作」出來的，特有的意象之美感經驗之中。那是每個人都可以享有的，屬於欣賞者的自由。沒有標準答案，只有境界的高低。

假使從中國哲學的觀點出發來看張繼這首詩，毫無疑問，這詩是「指點語」而非「界定語」。表面上寫的是旅客夜宿舟中的情景，實質上寫的是一種心境，一種很難向人訴說又不得不表出的苦悶，所以寫這首詩抒發內心的愁緒，而這種愁是一種只可意會，很難言傳的心境，恐怕只有張繼的知音，才能眞正一絲不差的體會出他詩作的本義，多半的人只能做「自由聯想」式的欣賞者。至於是否一定要合於張繼之本義，則見仁見智。況且，張繼已作古久矣，誰又能確知，某人的解釋，一定是合於或不合作者本義呢？

合不合其本義是另一回事，最重要的是讀者在欣賞詩作時，要永遠對詩人存有敬虔及感念之心。根據空大《詩詞曲賞析》針對唐詩鑑賞方法，在內在詩境方面，分五個重點，分別從一、命意，二、布局，三、音樂，四、修辭，五、神韻上來欣賞，很有參考價值，尤其神韻是詩的最高境界，但也最難意會，欣賞詩能到達此層次，就已然超越了古詩竟是一義或多義的範疇。認爲古詩只應有一種解釋的朋友，不妨參考一下宋儒學案中這段話——「愚者指東爲東，指西爲西。隨像所見而已。智者知東不必爲東，西不必爲西。惟聖人明於定分，須以東爲東，以西爲西。」仔細思考之後，相信今後再讀古人寫的詩，將有不同的體會。惟有超越詩的周邊問題，而進入詩義的核心，到達「神韻」的層次，才是眞正的賞析，而不是僅僅爲了應付考試而背誦，是因爲喜歡而吟誦，這樣才能心領神會，品嘗此詩的韻味。

八十五年七月二十七日臺灣新生報

挖通一口井的喜悅

學習，對那些爲了考試而學、而讀書的人，是很痛苦的事；對所有能體會讀書求學之樂趣的人，則是最大的享受。

教我中國哲學的王開府教授，將讀書求學比喻爲掘井。此掘井說甚妙，簡述如次：

「讀書如同挖井，井如果只挖到一半，當然見不到水，見不到水，就不會想再挖，而以爲再往底下也沒有水。讀書如果不深入研究，只停留在一知半解，迷迷糊糊，當然體會不出讀書的樂趣，而以爲讀書是件窮極無聊的事，自然不會想再讀。

挖一口井挖到夠深的深度，就可以接觸到地下水的流層，跟著此流層，可以悠游到其他鄰近的井裡去。讀書下功夫到一定的程度，就可以通曉一家之言，由這一家之言而觸類旁通，進而通曉其他相關學說。明白儒家的道理，道家、佛家的類似說法亦皆瞭然。悟得莊子的某種境界，有時可以發現孟子也有類似說法，只是名稱不一致罷了。

是啊！井水都是從地下水出來的，只是出口不一樣而已。然而，最怕的是「淺嚐即止」，這口井挖一挖，挖的深度不夠，卻永遠見不到水，這挖，不斷地換地方；時時在挖，卻永遠見不到水，這是最冤枉的挖法啊！」

聽完王教授這番比喻，我倏然有挖通了一口井的喜悅。其實不應該說「倏然」，「寫作」這一口井，我已挖了十餘年囉！而今才發現該是「如魚得水」，挖到水源的時候了。

挖到了水源，也就是知道自己的志向，眞正確立自己研究方向的時候。

以往我逛書店，舉凡文學、哲學、藝術的書籍，我每每一翻閱，即想購買，現在逛書店，常常發現那些放在架上顯眼位置的，大部份是比較淺顯的入門書，已經無法滿足我的求知欲。我每次想買一本，尤其是國學或哲學方面的專著，總是要好辛苦的伸長脖子，或腰低到幾乎跪在地上，甚至要跑好幾家書店，或圖書館，才能得到我想要的書籍或資料。

在獲得想要的那本書時，我覺得如獲至寶，此時才眞正體會，啊！讀書好快樂，好有「味道」。這味道不管是什麼，或許別人不屑一顧，或者體會不出其中的美好，但，也絲毫不會減損我內心那份喜悅，那份神交古哲人的逍遙。

王開府教授在《四書的智慧》一書中，說得更透徹：

在《論語》的第一篇、第一章，孔子開宗明義地對學生說：「學而時習之，不亦說乎？有朋自遠方來，不亦樂乎？人不知而不慍，不亦君子乎？」（〈學而〉）這像是開學典禮的一段話，孔子殷殷地期勉學生：學習是一件快樂之事。他並且指出學習的快樂係來自三方面：學了之後不斷地練習，得知行合一、學以致用之樂。與朋友切磋所學，得以文會友之樂。最重要的，學習本身即是件有意義的事，何必為了別人對自己所學的不了解，而悶悶不樂。如果能掌握以上三項要領，不難得到學習的樂趣。

近日聽我的學生說，他們班上（國小二年級）有位女生，幾乎每次考試都是一百分，只要哪一次沒有考一百分，她就哭了，還要班導師安慰她很久，她才停止哭泣。

雖是小孩，讀書重視成績到此種地步，尚有何樂趣可言？如果自己在心態上，不能從考試的陰影與壓力中超脫出來，就算考了好成績，那也不是讀書的眞正目的，希望每位讀書求學的人，都能在學習中享受讀書的樂趣，而不再僅僅為了考試而讀。相信只要循序漸進，積漸久矣，待某日你讀到深的書，而能「與我心有戚戚焉」時；往更深的地方去體會，左右逢源時，也許你也會有那種「挖通了一口井」的喜悅。

八十五年三月十二日臺灣新生報

街頭百態

某日朋友請客，邀我到臺北市中心，一家美式高級餐廳用餐。這家餐廳的建築材料，用的是一種很特別的玻璃，從廳外看，牆面就像鏡子，可以映出景物，但，看不見廳內。等入內坐定，在裡頭看外頭的街景，卻看得一清二楚。

我座位的正對面，不知是風水特別好，還是別的什麼道理，行人走到那兒，往往很自然的留步站定，對著我，（在外面看來是鏡面），理理頭髮，拉拉衣領的整肅儀容，順便看看自己今天，有沒有比昨天更美麗或英俊。其中有位仁兄，居然（對著我們一桌用餐的朋友），大擠青春痘，足足擠了數分鐘之久，直到他擠不出任何痘痘了，才在大家的笑聲中消失。

因爲這件事使朋友聯想起類似的擠青春痘事件。他說，有一名女學生在公車站等車，車子還沒到站很無聊。正好發現路邊停了一輛私家車，車窗玻璃可以當成鏡子來擠青春痘，她就在那兒一邊等車，一邊擠呀，擠了一段時間，公車還是不來，反正閒著也是閒著，她只好繼續擠，這時，沒想到車內有人搖下車窗，問她：「小姐，請問您擠好了沒有？我可不可以把車子開走？」這位女生當然只好漲紅了臉跑開了。

許多時候，人們做了一些事，尤其是缺德或不名譽的事，卻是抱著僥倖的心理，以爲沒有人會知道，其實，這樣的心裡最要不得。

用餐畢，朋友至一百公尺外，將停在路邊的車開過來接我，利用這幾分鐘，我在這家店門口四處看看，意外發現有一棵行道樹上貼了一張白紙，上頭寫著「因果輪迴，我要報復。」

眞可怕的字句，依我推測，貼這字條的人一定受了什麼委曲。很可能是他的機車或腳踏車鎖在那兒，被不肖之徒偷走也未可知啊！他心裡一定不平衡，才如此發洩。

朋友告訴我：「我們人只要行事合誼，不做虧心事，自然心安理得。那些做了不光明之事的人，要天天擔心害怕，怕自己做的事萬一東窗事發，那樣的心理負擔，豈不是很累人。」

由今天的街頭百態，我總覺得是在提醒我，意念不論善惡，都無法掩藏，它終究會顯示在行爲之中，而被人發覺。所以有：「誠於中，形於外」的說法。所以道德修養的關鍵，就是須在自己所獨知的意念上謹愼戒懼，讓好的意念繁榮滋長，將不好的意念連根拔起，這就是所謂的「愼獨」。

八十五年元月二十七日臺灣新生報

不必太認「眞」？

處人世間，與人交往是一門最大的學問，在某時某刻對某人，你該做何表現，說些什麼話，非但書中遍尋不著，社會的禮法制度，也很難有一定的準則。要在這人世間生存，有一事不可不知，那就是：有些事不必太認眞。教戲劇課的徐老師，每次向不同的學生講課，一定會順便說一段「孔門『逸』事」如下：

有一日，孔子與弟子應楚國之邀，在往楚國的路上，陳、蔡兩國的大夫，怕孔子去幫助楚國，對陳、蔡不利，就派兵把孔子一行人圍困在曠野中。不久，糧食吃完了，弟子們不少人病了。孔子雖仍如往常地講學、彈琴、唱歌，但肚子餓了，總得想想辦法。

於是孔子先派子路去向近郊的有錢大老爺，捐一些飯菜來充飢。子路到了那有錢人家，向之說明一番後，主人就說，既然你們老師是大學問家，你也一定很有學問，現在請你認認我寫的這個字，認出來了，我們甘願奉上食物表示敬意，沒認出來的話呢？很抱歉，恕我不招待你們飲食。

子路一聽就說，不知要認何字？主人在紙上寫一「眞」字。子路笑笑說：我認得，這是一個「眞」字。

可是，主人也笑笑對他說：「很抱歉，你認錯了，我們恕不招待。」子路無功而返，只好回來向孔子報告一切經過。孔子沒辦法，又派顏回去。心裡想，顏回是我最得意的弟子，一定有辦法要到食物。等顏回到了那戶有錢人家，那主人還是寫了「眞」字要他認。顏回看了看，又想了想說：「老爺，您寫的是「直八」二個字對吧？」主人一聽，連連稱是，立刻吩咐僕人備飯菜，送給孔子及弟子們食用。

當然，此「逸」事不是史實，而是有心人編出來的笑話，用來諷刺及說明：這世上，誰要是認「眞」，誰就沒飯吃！

在我的年輕歲月中，幾乎每件事我都很認眞，漸漸的我發現，有許多事的確不能太認眞，否則，吃力不討好的往往是自己。例如，有一回我去參加一個會議，席間有一位與我只能算點頭之交，不甚了解我的朋友，向另一位作家介紹我，說我是：「名編導」，我馬上糾正說，我只有編過劇本，不會導，也沒有導過戲。原本我是覺得不要那溢美之讚辭？可是我這一糾正，那位朋友很不高興，反而告訴我：「不用件件事都分得太清，那麼認眞幹嘛？編導編導，編就是導，導也就是編」。

雖然他的說詞，很難叫人認同，不過我並未再說什麼。

世界上的事，尤其是關乎他人「面子」的事，寧可不要太認眞，也不能讓某人因你的認眞糾正，而丟面子，否則，下次倒楣的事，可就會臨到你頭上。

有了這層認識，我知道我往後更懂得如何待人接物，如何不要得罪人，如何保護自己了。可是這樣的認識，未嘗不是一種生存之悲嘆。眞的要如此才能存活下去嗎？當眞已非眞，假還是假，眞有時等於假，假有時藏眞，這樣眞眞假假建構成的人生，就是我們所要的嗎？不管怎麼樣，我堅信在虛幻的「假」當中，我們的內心的深處，仍舊可以存有一顆永不泯滅的「眞」心，等待我們的知己出現。

當面對知心好友，可以將假面具完全除去，坦誠相待時，此人生一樂也。

八十五年二月一日臺灣新生報

做個快樂的現代人

接到郭理事長英武學長以電腦打字的來函，對函中溢美之詞誠不敢當也，他囑我寫一點學習經驗，供諸位校友參考，我想就談談電腦吧！

兩年前我就意識到，現代人如果不學會使用電腦，許多地方會感到很不方便，所以就報名參加電腦訓練班，然而卻上了幾次課，就沒去了。因爲我發現「它」完全不聽我使喚，而且我的眼睛因爲老是盯著電腦螢幕，兩眼都痛起來了。至此對電腦敬而遠之，如得了電腦恐懼症一般。

最近我接到一封某雜誌的邀稿函，聲明希望作者去稿時不要寄手寫的文稿，而是要把打好的磁碟片直接寄給他們，而且還規定要用DOS倚天中文系統。我看了這樣的規定，打電話去問聯絡人，說我不會使用電腦，那怎麼辦？他居然回答，那只好自己請人打好之後，再寄磁碟片過來。我再次感受到不會用電腦的壓力。

其實這樣的壓力已不計其數地面臨到我身上。近日到某大學旁聽時，每一位老師，都不自主的談他們使用電腦的情形，而且要學生一定要學會用電腦，許多老師的講義，都是用電腦打的。與作家朋友見面，他們就問我，你買電腦了沒有？然後大談他們如何用電腦寫作。今天的新聞，是總統府的電腦國際網路正式啓用。現在會使用電腦還不夠，必需「上網路」才能方便做更多的事。

現代人的生活幾乎已經離不開電腦了，雖然我對「它」仍舊很恐懼，可是大勢所趨，只好咬牙去學。目前我仍需要一段時間做好心理準備。我的第一個步驟，是結交一位能時時教我用電腦的朋友，因爲這樣的學法比較人性化。也許學得比較慢，但至少不會像去參加訓練班那樣，沒幾天就被「嚇」回來，因而喪失學習的鬥志。

不怕慢，只怕站。

會用電腦，就可以做個快樂的現代人，享受電腦帶來的便捷。希望有此共識，還不會使用電腦的學長，不要再恐懼「它」了；而已經會使用電腦的學長，也請發揮同學愛，教教那些想學的人吧！

八十五年三月十日空大「臺中校友」月刊

智慧之光

唸過生物的人都知曉，大部分的植物有向光性，其實不只是植物，大部分的人，也有向光性，而且是向著智慧之光。

在某次上K老師的課時，我無意間發現，在他的眼中很自然流露出，若隱若現，令人眼睛爲之一亮的智慧之光。我倏然驚醒，以往上過許多老師的課，爲何未發現這光？

其實，我第一次聽K老師的課，就覺得很奇怪，懷疑他是否有「他心通」（佛教用語，指佛有洞察人隱而未言的心思意念之神通。）否則，怎麼我心裏現存的許多疑惑，都正好從他講的課文中獲得解答？

更重要的是，每次聽他上課，我就覺得自己很有希望。此話怎講？因爲他能將每一條學理，也就是一般人認爲難懂的問題，解釋的讓我聽得很明白。我每次在弄懂了這些學理之後心裏就很高興。因爲我知道，只要我努力用功於課業，老師能達到的境界，我就能達到。那些我原本害怕的理論，再也別想擊倒我了，有此先見之勝算，我多麼興奮自慶，能遇到這位明師。

可是，很快的，這興奮之情，就被以往的痛苦經驗所消滅。約十幾年前，我也曾遇到一位「明師」，他的智慧之光遍滿全身，我幾乎完全信任他。我看到他，覺得自己才像剛出生那麼幼稚，所以時時向他請益，甚至把他當成我人生的導師，除了課業上的問題，我可以說以他的意見來做我每一個人生路上的抉擇，五年下來竟在精神上對他產生了依賴。他是我心目中的智者，我希望有朝一日，也活得像他一樣「無入而不自得」。

在我沒有任何的心理準備之下，我心目中的智者，仙逝了，我一時竟不知如何繼續我的人生，每逢人生路上又需要做抉擇時，我就不知道該怎麼辦？哀痛悲傷的心情盤據我心，也整整五年。直到現在，每次上學，經過他曾帶我走過的穿堂，內心都有一種說不出來的隱痛。

「荒漠甘泉」中馬克拉倫（Alexander Maclaren）說：「今天世上的偉人、領袖、科學家、哲學家等等，只能發光一時，不久就完了。人都會過去；祂是永存的。人是點著的燈，所以遲早會熄的；惟有祂是眞光，衆光之源，永遠常存的。」

是啊！人是點著的燈，我努力與K老師保持適當的心靈距離，不再讓自己對他產生精神上的依賴。一方面是我確知自己無法承受，再一次喪失生命中的「智者」之痛苦；另一方面，「路加福音」論心裏的光，談到：「你眼睛就是身上的燈，你的眼睛若瞭亮，全身就光明，眼睛若昏花，全身就黑暗。」所以在我看到K老師眼中智慧之光的一剎，我頓然了悟，了悟到自己已然長大，是個成人了，不該遇到什麼事就想去問「智者」，不能老是想要智者替我做抉擇。

成人就要有成人的擔當，要勇於爲自己的每一個人生抉擇，負起該負的責任。不要再想將成敗得失之責，推卸給任何你認爲的「智者」。

雖然，有時我心中被什麼事所困擾時，仍有跑去問「智者」的衝動，可是我往往以自制力拉自己，自勉說：不要再去麻煩「智者」了，自己努力學習當個「智者」吧！

佛教講「緣」，我不知自己還會與哪些我認爲的「智者」，有什麼因緣。我只知道不能再讓他們的光牽引我，恐怕我會迷失在他們的光裏，而忘記了，只要努力，我自己也可以發光呀！如果我知道自己快要迷惑了，那寧可暫時迴避，以免入了迷惑。

想想，人爲何有向光性？除了能感覺愉快舒適之外，主要是可以藉他人的光，點燃屬於自己內在的光源，使自己也亮起來，照耀這世代，點燃所有需要被點燃的智慧之光。

八十五年七月二十五日臺灣日報

「蘇雪林文集」讀後感

近日大陸安徽文藝出版社，爲居住於臺南之蘇雪林教授，出了一套《蘇雪林文集》，選擇性地收編了蘇教授的一些小說、散文、論述……。

每次讀到蘇教授生平資料，尤其是她求學歷程，我就有種幸福之感，也爲全體的空大女同學感到慶幸，因爲我們有充份的求學自由，是時代與潮流賦與我們的。或許有人以爲這是「想當然耳」的事，看看數十年前，中國女子所受的待遇，再比較一下現在的處境，就能霍然知曉，身爲女子能夠在工作之餘打開電視，就可接受教育，是多麼幸福的事啊！

蘇雪林文集卷首附有沈暉先生的文章談到：「一九一四年安慶省立第一女子師範招生，蘇雪林萌動了要去讀書，爭取受教育的強烈願望。……家裡大權掌在祖母手裡，盡管她求學的熱情熾烈地燃燒，但頑固嚴厲的祖母以女孩是賠錢貨，長大嫁人，讀書無用等理由拒絕。她費了『無數的眼淚、哭泣、哀懇、吵鬧，』『幾回都想跳下林中深潤自殺』，甚至要『拚上一條小命』才換來家庭的同意。」

是的，「人有自覺心理，就是感覺自己的存在，人也有爭各種權利的欲望，就是生存權、受教育權等等。但小孩則渾然無知，並不覺自己是個人，必稍爲長大，才有此感覺，知道爭各種權利。」（

見《雪林回憶錄》）

目前普遍對女子受教育之觀念已比從前開放，但仍有些思想守舊的人士，反對家中婦女受教育，所以在空大專版上，偶而可見有些女同學爲文，談及家庭反對她讀空大，及她如何克服之種種情事，每每讀後頗令人唏噓。

當然，權利與義務是相對的，我們爭得了受教育的權利，相對的，對社會就多了一份貢獻服務的責任。蘇雪林教授爭得了受教育的機會，也成就了她今日在臺灣在中國，不容忽視的文學地位，我們爭得了受教育的機會，我們成就了什麼？這是値得每一位女同學深思的問題。

前幾天，筆者又前往某大學旁聽一些與我本業相關之課程，以配合在空大之學習，有一位研究生，去年他與我一起旁聽今年才考取的朋友，以半開玩笑的口氣問我：「你那麼拚命幹嘛！」當時只有一笑置之，但我心裡明白，而且深刻的明白，我不是在「拚命」，而是在「滿足」，滿足於我的求知慾，並且樂在此種滿足之中；也惟有透過這樣的滿足，我才能「感覺自己的存在」，能夠求學就是福氣，或許我們目前還沒有能力成就些什麼，然此樂在學習中的心情，已是很好的享受，何不樂在其中？願以此與所有空大的女同學共勉。

其實學習不分男女，也有不少男同學，必須克服諸多困難，才能接受教育。不管怎樣，能夠到空大來的，總可算是有福之人，願所有有心學習的同學，學習愉快。

八十五年十月二十一日臺灣新生報

把窗留給夕陽

十六年的鄉居生活，直覺日出日落、蟲鳴鳥叫都是自然本有的，竟從未曾發現天象的美。久居臺北都會，才深深感覺，能夠像童年時，享受日出日落的風光，是多麼值得珍惜的幸福。

偶爾從紗窗中，望望污濁天空中幾顆晨星，勉強的把光點傳送過來，能不有一絲一毫的感動嗎？

此生中買下的第一幢房子，在沉重的貸款壓力下，只好忍痛出租。許多來看房子的可能承租人，紛紛要求要加裝鐵門鐵窗。我一聽到這樣要求的人，就向他們擺擺手，請他們另找合適的。

我堅持要留下一扇窗，好看夕陽。很多人不明瞭，認爲夕陽有什麼好看的？天天看還不是一樣。如果看的人，只當它是天邊的一顆紅球，那當然沒什麼。最重要的，是看日落的人不一樣，心情也日有所異。而從雲彩霞光的天象變化中，自然能體會人雖號稱爲萬物之靈，但畢竟還是相當渺小的。

將自己居家的安全感，寄托在鐵門鐵窗上，而捨棄臨窗觀賞日落月出的大好生活方式，是否是許多現代人共同的悲哀呢？我的安全感來自對上帝造物主的信仰，我堅決相信人的禍福，都掌握在祂手中，所以寧願把窗留給夕陽，留給明月，啊！留給繁星及一切可以與純淨心靈相輝映的自然。

八十五年二月二十日活水一一二期

原諒的功課

二姊的兒子德德因血癌進出醫院的次數，已無法計數，這一次特別嚴重，送入加護病房已數天，情況未見好轉，我每天都利用清晨上學之前到醫院探視。

為什麼牧師不來？

每次我到了病房，二姊就對我說：「奇怪我們教會的牧師和傳道人，怎麼一直沒有來爲德德禱告？我送德德進醫院之前還特別打電話告訴他們的，雖然醫院離教會有一段路，但我相信他們會來的。」

「我也相信他們會來，」聽了二姊的話，我只好如此安慰她，請她耐心等待。

可是一個禮拜過去了，德德從加護病房轉到普通病房，二姊仍未等到她們教會的傳道人前來關心德德的病情，於是就與我商量說：「我實在不太能原諒教會的傳道人，他們平常周日見面時，滿口仁義道德，遇著人就說平安、耶穌愛你，現在眞正發生事情需要他們，他們卻連人影都不見來。我是不是該換個教會，離開這些僞善的『法利賽人』？」

靠神不靠人

人的信心就是這樣的薄弱，雖然我不明白爲何神的僕人，在信徒最需要他的時候卻不見人影，但我仍堅信神要我們每一個人經歷每一件事，不論是令人難過或高興的事，都必定有祂的美意。

於是我除了提醒二姊，經上說，我們基督徒要原諒人七十個七次的故事之外，也更向二姊強調，神沒有派遣祂的僕人來，目的可能是要妳這位當母親的學習如何完全信靠祂，在危難的時候，沒有任何人可以幫你，做你的心靈支柱，唯有求告祂的名，由祂親自引領祢。並提醒她操練禱告的功課，雖在苦難中，也要以安靜的心尋求神的話語。

即使她對傳道人沒有來探病，仍舊耿耿於懷，卻從詩篇廿三篇第4節：「我雖行過死蔭的幽谷，也不怕遭害，因爲你與我同在，你的杖，你的竿，都安慰我。」得到莫大的精神鼓舞。

要不要原諒他？

在二姊悉心照護下，德德病情穩住，只需定時回醫院門診做化學治療即可。德德出院後精神氣色都恢復得比較快，有一天，我又到二姊家探望德德，爲他禱告，禱告完之後，二姊突然很高興的對我說：「我們出院後，我一直在想，到底要不要原諒他們（指傳道人）？要不要再去那家教會做禮拜？想著妳說的經文，我就原諒他們了。後來證明，原諒他們是對的。」

「什麼道理使你發現原諒他們是對的？」我問。

二姊說：「傳道人在知道德德住院之後，一直想去看他，爲他禱告，可是我那天太匆忙，忘了告訴他們在哪家醫院，而我留給他們的呼叫器號碼字又太草，他們看錯了兩個碼，所以無法連絡上我，他們曾打電話到附近的醫院查德德的病房，都說沒這個病人，所以只好在教會裏替我們禱告了，是我誤會了他們了，如果我不先原諒他們，可能永遠不知道，錯的人原來是我自己。」

苦難的奧秘

在德德急病當中，二姊常常會有一個疑問，爲什麼神要將這苦難加在德德身上？這使我想起廖牧師有天主日的講道內容，他說：人爲什麼會有苦難，簡言之有三個要因，一，是罪的刑罰；二，是神要藉此磨難除掉我們生命中不討神喜悅的雜質；三，是惡者的權勢在起作用。廖牧師更要聽者不用懼怕苦難，因爲我們的神已經得勝，勝過那惡者的權勢，災難一定會過去，而且會成爲我們人生中的幫助。

好比這一次德德住院，二姊教會中的傳道人未能及時前往醫院爲他禱告，這個「苦難」，讓二姊因此學會了要完全信靠神，而不要依靠「人」；同時也學會了原諒的功課，眞是我始料未及的。

八十五年六月卅日基督教論壇報一五七八期

住在耶和華的殿中

前些日子參加女傳道聚會，預先安排的講員臨時出了點小狀況，由教會的盧傳道上台代打。臨時上陣的盧傳道要我們閉上眼睛，安靜在主面前，聽她慢慢地唸詩篇廿三篇，一邊默想，傾聽主的聲音，等張開眼睛再與旁坐者分享。

各取所需

坐在我兩旁的一是陳師母、一是何師母，陳師母說她在這段經文中聽到「我且要住在耶和華的殿中」這一句；因爲她不久就要與陳傳道應聘到中部一所教會牧會，而且必須住在教會裏面，她當師母十二年以來尚未住在教會裏，所以不知未來「住在耶和華的殿中」－以教會爲家的滋味如何？

何師母聽到的則是「祂使我躺臥在青草地上」，她想這青草地有可安歇的水邊，何等的美啊！因爲再過一個月，她與牧師將享有一年的「安息年」，她感謝在牧會多年之後，神賜給她「躺臥在青草地上的機會」，讓她們一家人，經過一年的休養可以更有力量來服事主。

我第一次發現神的話語是如此的豐富，每個人可以各取所需，分別領受這屬天的福分。同一段經文，不同的人有不同的感悟。

化妝的祝福

在盧傳道輕柔的朗頌聲中，我聽到的是「我一生一世必有恩惠慈愛隨著我」。這句話是我在得救的那一天起（我廿七歲的某日），就開始體會到的。

表面上，我的人生似乎經歷了許多不足爲外人道的苦楚，然而這些苦楚其實是化裝的祝福，藉以點醒我人生的虛妄性，當我決定追求天國永生的道路時，我知道，我一生一世必有恩惠慈愛隨著我，即使苦難折磨也是恩惠的一部份。

八十五年一月七日基督教論壇報

常常在夢境之中，我住在教會裏，教會就是我的家，我澆灌教會裏的每一株花草樹木，看著教會欣欣向榮，我多麼希望能天天住在耶和華的殿中，安歇在主懷裏，於是從今年一月份起，我決定開放家庭，每月有一次家庭聚會，讓我的家就像個小型教會。這樣的服事，如同我已經住在耶和華的殿中，使我的生活更豐富、喜樂。

司琴手記

雖然學過鋼琴，前後跟過不同的老師，學了大約十五年左右，在教會中擔任司琴的義工，卻是最近的事。

其實我在這家教會聚會已十年了，起初我總是只有參加主日崇拜，所以教會中幾乎沒有什麼人認識我，另一方面也是因爲我數年來都沒有一顆「願做的心」，以致沒有人知道我會彈琴。直到近一兩年，我因神奇妙的帶領，時時感受在神的恩寵之中，而想到不能不爲自己的「家」(指教會)做一點「家事」，所以就比較熱心參與教會的事工。

擔任主日學司琴

第一次擔任兒童崇拜的司琴，彈兩首很短的聖詩。當我接到譜時，我就傻了眼—「怎麼其中有一首的譜，是寫1 2 3…的簡譜，而不是我習慣的五線譜呢？」這叫我如何彈？我從未嘗試過用簡譜來彈過琴呀！

本來想把譜還給主日學校長，請她另找別人。可是已經答應了，這樣子臨陣脫逃，並不是我做人做事的原則。況且，我又沒試過，怎麼知自己不會看簡譜彈呢？所以就先拿回家試彈看看再做打算。

想到以前的惡夢

回家試了一、兩次，這首曲子是F大調¾拍子的，只有一個降記號，彈右手之主旋律當然沒問題。問題是簡譜沒有將左手的伴奏部份寫出，必須自己找和弦，自己配上伴奏。

在嘗試了三、四次之後，彈的並不順利。我回想起高中時代，在學校裏司琴的慘痛經驗。那是我第一次當司琴，老師從全班五十多位同學中，選了琴法成績最好的我，負責在開朝會，唱校歌及國歌時伴奏。到了那天，天氣熱得很，我又很緊張，全身冒汗，使得我的眼鏡朦朦一片，根本看不清曲譜，所以彈得很慢，又小聲。教官站在旁邊，一直對我說：「彈快一點！彈快一點！」我眞不知道，後來是怎麼彈完的。總之，這是我人生中的司琴惡夢。我實在不願意這一幕又再度重演。

靠禱告彈簡譜

想到司琴惡夢，當我想放棄爲兒童主日學司琴時，就自己默默的禱告，求主赦免我的無能。然而聖靈的感動，不允許人爲的偷懶來破壞，此時有一節經文浮現腦海：「因爲人若有願作的心，必蒙悅納，乃是照他所有的，並不是照他所無的。」（哥林多後書八章12節）

於是我改變我的禱告詞，說：「主啊，請悅納我這顆願做的心，照著我所有的，而不是照著我所無的來成全吧！」

這樣禱告之後，我想再試個十次好了。如果十次以內我能把這首歌的和弦及伴奏配好，就代表這是我所有的，這樣的服事神必悅納，如果配不起來，就代表這是我所無的，所以神也不必悅納，我也可以心安理得向主事者辭去這份工作。

出乎我意料之外，我再試了不到五次，就把所有要配的和弦，及合適的拍子都配好，只要在譜上自己做幾個記號，就可以得心應手了。眞沒想到，看簡譜彈，左手可以自己配，比較有發揮的空間，反而比看五線譜，一切都被寫定了，來得容易有趣得多了。

彈奏時很緊張

到了輪到我司琴那天，我總是特別緊張，一個早上，就跑好幾次洗手間。雖然練得連鄰居都會哼這些曲子了，一聽到領詩的人說「請司琴給我們前奏」時，我的心臟還是噗通噗通得快跳出來了。然而，彈了兩三次，很快就唱完了。此時，眞切體會到「練兵（琴）千日用在一時」的涵意。緊張之下彈錯了幾個地方，所幸主日學的老師及小朋友們也不計較。

一開始，我以爲我在教會司琴，是在替教會做事，可是漸漸的，我發現並不全然如此。因著要司琴，神藉著練琴的機會，一遍又一遍，反反覆覆的將祂的話語給我，植到我內心深處，直到我完全心領神會了爲止。

被神的愛充滿

有一回，我彈「神就是愛」這首曲子時，一遍又一遍我跟著琴聲，用心地唱著，不知怎麼的竟有種欲哭的感動，而這種感動來自，我已然明瞭神是如何愛我的。正如歌詞所說的：「神就是愛，神就是愛，神就是愛，祂這樣愛我。」如果有弟兄姊妹，不明瞭神是如何愛你的，我建議他唱這首曲子，重覆地唱，用心的唱，一定可以明瞭。

自從我開始學琴以來，一直夢想著能擁有一架平枱演奏型的鋼琴，並且用我這最好的琴，在教會的大堂爲所有愛主的弟兄姊妹伴奏，將我們最好的琴聲及歌唱獻上，表達最虔誠的讚美。而今即使我沒有音響效果很好的名琴，沒有很高超的彈琴技巧，每當我發自內心深處唱出的微聲讚美時，我知道神必悅納。

大家一起來事奉

當我第一次在教會司琴時，許多弟兄姊妹們看見了都「嚇」一跳，說「啊，你會彈琴啊！」還有位姊妹用疑惑的語氣問：「你怎麼會彈琴？」大家似乎以爲我是突然會彈的，其實我已經學了好長一段時間，並且常常練習。

這種反應給我一個啓示：教會中有很多人都是深藏不露的，如果能夠把每位弟兄姊妹「所有的」都發掘出來，人人在教會都有事情做，那麼教會不復興也難。

所以當務之急，就是要激發那些從未參與教會事工的人，實際的參與，從服事中，增長屬靈的生命，也更能與教會合爲一體。

最重要的是，要有一顆願做的心。

因爲「無」與「有」實在很難認定。沒有願做的心，那麼「有」也等於「無」；有願做的心，即使是本來被認爲是「無」，也會因著神的悅納，在一番努力之後而成爲「有」。

弟兄姊妹們，不管你在世人的眼中是「無」才能，或「有」恩賜，只要帶著一顆願做的心，來到神面前獻上自己，那麼神就是使你化「無」爲「有」的神。

八十五年九月基督教論壇報一五九〇期

夢想不到的路徑

現在有一門相當時髦的學問，叫「生涯規劃」，重點是教人如何計劃性的應用餘生，達成所謂自我實現。可是，當我們計劃東計劃西，以爲一切都將在我們掌握之中時，往往發現生命中存在著太多變數，讓我們不禁懷疑，自己究竟能掌握些甚麼？

計劃成枉然

前些時候，文壇有一位新婚不久的詩人，得過不少文學大獎，前途被看好。正當他意氣風發，一步一步進行他的人生計劃時，某夜突然心臟病突發，撇下他所有的一切去世了。他所有的計劃，也都成爲枉然。

希伯來書第十一章八節說：「亞伯拉罕因著信，蒙召的時候，就遵命出去，往將來要得爲業的地方去。出去的時候，還不知往那裡去？」

未有全心信靠神的人，總以爲靠著自己能做什麼，忘記我們眞正的主宰，其實是創造宇宙萬有的神。信心之父亞伯拉罕，永遠是我們在信心鍛鍊上的榜樣。

今天我照例準時於九點五十分，到教會準備爲兒童主日崇拜司琴。要唱的詩歌有三首，我負責其中兩首，另一首由一位小朋友負責。可是時間一分一秒逼近，就是不見那位小朋友出現，領詩的同工急得直冒冷汗，我不知從那裡來的勇氣，居然跟他說：把譜拿來我練練看！

靠耶和華成事

雖然只是一首短短的曲子，馬上練一分鐘立即彈出來配合大家唱，對我而言，不僅是頭一回，而且是個挑戰。我一邊彈原本預定要彈的曲子，一邊默默禱告，希望那位該來的小朋友趕快來，可是他到要唱他該彈的那首詩歌時，仍未見蹤影。我在心裡自問：神爲何要這樣考驗我？即使百般不願怕獻上有瑕疵的讚美，我仍盡最大的能力想把這首曲子彈好，結果比我想像的好太多，雖是差強人意總還可以跟上節拍。這個事件過後，我的腦中只有一句經文：撒加利亞書第四章6節下：「萬軍之耶和華說，不是倚靠勢力，不是倚靠才能，乃是倚靠我的靈，方能成事。」

的確，如果我能做些什麼，當然不是倚靠才能，是倚靠耶和華的靈方能成事。經由這個小事件，反省我們的一生不也是如此嗎？我們總有一些計劃中要做的事，也常常以爲靠著自己的才能，就能如何如何。事實上有誰眞能完全掌握自己的一生呢？「荒漠甘泉」說得好：「光是歡歡喜喜地和主一同出發冒信心的險，還不足夠；還當把你自己所計劃的路程表撕得粉碎。沒有一件事會照你所預料的實現。你的嚮導知道怎樣引領你前進。祂將領你走一條你所夢想不到的路徑。祂不知道懼怕，祂也希望你因著祂的同在，不知懼怕。」

八十五年十二月基督教論壇報一六〇二期

十週年有感

十年是一段說長不算長，說短不算短的日子。啓開綿綿歷史之頁，十年何長之有；於今分秒必爭，時間就是金錢的年代，十年又焉能言其短。這十年來許多空大校友及同學們，就這麼跟著空大的腳步走過來，其中多少辛酸苦樂，又能留與誰訴？

猶記得即將畢業之時，只因我要工作學業兩頭忙，而萌生放棄空大學位之追求，我的弟兄（基督教婦女稱自己的另一半爲弟兄）就會重覆對我說一句話：「你現在是走了九十九步，還差一步就到了，爲什麼不走完這一步呢？」當時我的精神只一個累字可形容，想，怎麼這最後一步，怎麼特顯艱難，幸好撐到就學第八年，終於畢業。

某日我弟兄請我上館子，並遞上一份禮物，打開精美包裝，盒中除了禮物之外，另附一封信，內文如下：

玉雪：

時間過的眞快，你我結婚迄今，一轉眼，十年過去了。

十年來，你受過不少委屈，也流過不少眼淚，幸好，一切都過去了，回憶以往，你也有不少歡笑，你我共同渡過。

人生苦短，我們生活在一起，能有十年的歡笑，眞不容易，我首先要感謝主的關愛，其次要感謝你對我的關顧，記得有一次我遭遇車禍，有驚無險，去年的胃出血，也能安然渡過，啊，好幸福，幸有你與我共同在一起。

退休以後，收入頓減，你仍能與我一起過苦日子，你眞是一個世間少有的女性。

這幾年，你埋首苦讀，進步神速，展望未來，你的前途，是光明的，不需依靠他人，你會打出一片天下的！

杰兒還小，你要督促他用功，但也不要太嚴苛，盼望未來的十年，我們仍歡笑生活在一起，一份薄禮，聊表心意。

龍昭寫于結婚十週年」

收到這份禮時，我略有顫慄，顫慄於自己的不覺流金歲月之消逝，除了對於沒有及時準備回禮感到不好意思之外，我還是很懷疑的自問，眞的已經十年了嗎？

近日閱讀空大專版，每每看到空大十週年校慶的活動消息，正如同接到我弟兄送的禮物一樣驚喜。只是，我是實在人願說實在話，在婚姻路上，我認爲有沒有在週年紀念日時送禮，並不重要；重要的是平常，是每一天。我只希望我的弟兄，每一天都很健康，在我忙的時候，能幫我澆澆陽台上的白玫瑰，並把杰兒看好。對於母校，我同樣覺得十週年慶固然可喜，更重要的是平時。因爲慶典節目再怎麼精采，總是稍縱即逝，每一天的提供同學服務及教導，才是最實惠，更重要的。

當然，我這種樸實的想法，也許只是我個人一廂情願的管見，認同與否勉強不得。

展讀詩篇九十篇，神人摩西的祈禱，我特別喜歡其中的幾句「在你看來，千年如已過的昨日，又如夜間的一更。」「我們度盡的年歲，好像一聲歎息。」「我們一生的年日是七十歲，若是強壯可到八十歲，但其中所矜誇的不過是勞苦愁煩，轉眼成空，我們便如飛而去。」

這些詩句讀起來頗令人有種「生命中不能承受之重」的窒息感。回顧過去十年，如果沒有空大，那麼我的人生在寫稿（工作）、操持煩瑣家務，承受生活的諸多不堪，日子就像一首詠嘆調，唱完之後女高音幾乎就要耗盡生命的全部而氣絕。因爲有了空大爲伴，在學習生活中，日子就像唱進行曲，愈唱愈有活力，而且一邊唱一邊向人生目標邁進。

昨日清理書櫃，不意發現自己十七、八歲時寫的筆記，隨手翻翻，發現除了當時思想及用語之幼稚，居然十年下來，連字跡也變了。佛教要人「轉識成智」，這智是指般若智，明白世界上的萬事萬物都會變，也就是說世界上沒有一個永恆不變的我。換言之即此時非彼時，此我非彼我。在彼與此之間，唯一能令我們欣慰的是，我們每一位與空大一起走過這十年的朋友，只有成長沒有陷落，只有進步沒有停滯。在此十週年校慶之前，誠願母校師長及校友同學們，因著共同努力，都能此時勝彼時，也願每一位空大校友，在回想起空大師長時，都能發自內心的說——幸有你與我在一起，啊，好幸福！

八十五年七月二十八日臺灣新生報

筆墨情趣

近日好友來訪，因非用餐時間，我就請他吃點心喝香片茶。他看到我家客廳，掛著空大校友何大忠學長書（以草書）贈的一幅對聯，上頭寫著：玉雪小姐雅正—「玉潔冰心湧辭情，雪中敖梅△春風」。對聯第一個字鑲了我的名字。而打△那個字，因爲太草了，十位來客約有九位不識。好友說△字應爲「繼」，我看起來倒像「縴」，究竟謎底是什麼？因爲我一直未有機會當面請教名書法家何學長，雖曾去電致謝，均未遇本人接聽，留了幾次答錄機致謝未獲回音，也只得作罷。

因爲有這幅對聯，第一次到我家的訪客，總喜歡猜一猜來個塡字遊戲，如果△處是空白，你會塡什麼？

吃了我預備的點心，朋友說他不能白吃這點心，所以要給我說關於點心的故事，大意是說：「從前有位很有名的書法家，因爲名氣太大了，所以每當他到××點心店吃點心時，老闆總是不收他的錢。這樣吃了不少次，書法家覺得不好意思白吃，於是書贈「××點心店」贈于老闆，老闆很高興請人裱好掛起來。掛起來以後，大家開始議論紛紛，因爲那位書法家寫的「心」字在肚子的地方少了一點。好奇的、慕名的、沒事的來看那幅字，使得點心店生意興隆，大發利市。有一天，有好事者認爲，心字那樣寫不對，要加上一點才行，就幫老闆加上那一點。可是自從心字那一點加上後，生意就沒有當初那麼好。」

是嘛！一點點上去了，肚子都塡飽了，既然肚子飽飽的，誰還來吃點心？

聽了朋友的故事，我也「不甘示弱」，找出曾修過之空大暑修課程，《書法欣賞》的教科書，想與之欣賞書中附錄之歷代名家作品圖版。不料取出時，書本因颱風書房進水，潮溼招致蟲咬，已咬掉約十分之一，眞是可惜，可惜。

翻書殘頁，我不禁翻到「王羲之快雪時晴帖」，向朋友展示，因爲這帖之媚力無限，使我對之著迷，百看不厭，還有「蘭亭集序」都是我喜歡的，一邊看有時還忍不住，一邊罵，罵那些愛亂蓋印的庸俗之輩，爲本來素淨的書法蓋的密密麻麻的。原本好字配上一、兩方雅印，是相德益彰的事，而今好字卻要那些無聊的皇帝，或××堂，加蓋一大堆「神品」、「乾隆鑑賞」、「××堂精鑑璽」……眞是破壞美感。王羲之地下有知，看到自己作品上，蓋那麼多印，不知有何感想。

翻到宋徽宗的作品「閏中秋月詩」，朋友感嘆連連，眞是書如其人。宋徽宗的書法雖瘦硬直挺，號稱「瘦金體」。但那種瘦瘦弱弱的亡國者書，誠令人不敢恭維，而且一聯想起，他在位二十五年間，延用奸臣蔡京、童貫等，以猥薄巧佞之法，濟其驕奢淫佚之志，致國弱民貧，金兵來犯於靖康末，與欽宗同被擄去，客死五國城。堂堂一國之君，竟至如此下場，怎不令人觀其書而興感嘆。

趁著雅興，我一一把「親戚五十朋友六十」贈送的書作搬出來獻寶，讓朋友一一品評，其中我最珍藏的是張故教授起鈞師，於十幾年前，我寄發表於某雜誌的短文給他，他選了其中一句抄錄，寫成毛筆字裱好送給我，並勉勵我多寫作多發表。這句是我自己寫的句子，也是他送給我的，想是今生今世永不遺忘的吧！這句話是「成功在你的手中，而喜悅在你心中」。

一直有一個夢想，夢想有朝一日，有一位詩人寫一首詩送給我。現代詩最好，古詩也罷，一定要是一首好詩，而且都要用書法寫的，這樣我就可以把這詩掛在書房，永遠陪伴我。讓我讀書之餘也能沈浸在筆墨詩情之中，這豈不是美事一樁，有一次上K教授的佛學課，他說，你如果希望完成什麼事，只要心裡一直想一直想，自然配合行動之後，這事一定會達成。如果尚未達成，就是你還未眞正想要這事達成，這莫非是「心想事成法」？

如果我也是家點心店的老闆，我一定在書法家光臨時不收他的錢，而且在詩人上門時，免費招待，如果再加上畫家，那麼就有人贈我詩、書、畫了，豈不快哉！或許有人要質疑，那你怎麼不會拿錢去買幅書呀、畫啦、或詩？錢能買到的東西其實很有限，而且多半是屬於物質的形而下的層次。錢能買到書法作品，買到畫，甚至買到一首詩，卻不能買到那份惺惺相惜的情誼，及一份知遇的相契啊！寓相知的情誼，於書詩裡，是種值得珍惜的情趣。我願珍惜，相信你也願意。

註：註△字應爲「綻」春風。

八十六年七月二十三日臺灣新生報

學術的苦旅

學術研究對於沒有學術興趣的人，是枯燥無聊至極的苦差事，對於有學術興趣及能力的人，眞是甘美無比的精神享受，但要能夠有學術能力，必需先經過一些不可免的基本訓練。目前臺灣一般的學術訓練管道就是進入研究所，而在進研究所之前的考試準備期間，是最苦澀的，暗無天日的，稱之爲學術的苦旅，也不爲過。（當然進研究所，非唯一之學術研究管道）。

套句八點連續劇保鑣趙總鑣頭話說：「劍法無他奇××××而已。」而同樣的—「考試無他奇，熟練應考內容而已。」然而，在熟悉這些考試內容時，就是同時在奠定日後做學問的基礎。而之所以會有「苦」的感覺，那是因爲這些基本的學習，例如國學中的聲韻、訓詁學，是極其枯燥，而且一點也不感性的腦部活動。這對理性與感性兼具之大部份的人而言，會形成感性無從抒發的困窘。對於像我這樣，幾乎天天要提筆的人，老是在那兒熟悉考試內容，竟感到有如被「關」起來一樣。更可怕的是，有天晨起梳洗，發現自己的容顏，兩眼下眼袋浮腫，雙頰細紋出現……啊！頓覺歲月消失，而自己卻無什成就，（事實是學術上的成就，必須長期累積，非一蹴可及）心下有無限的悲愴。

以《文化苦旅》一書，走紅臺灣的大陸戲劇家、美學家余秋雨教授，在該書序中說得好「我們這些人，爲什麼稍稍做點學問就變得如此單調窘迫了呢？如果每宗學問的弘揚，都要以生命的枯萎爲代價，那麼世間學問的最終目的又是爲了什麼呢？如果輝煌的知識文明，總是給人們帶來如此沈重的身心負擔，那麼再過千百年，人類不就要被自己創造的精神成果，壓得喘不過氣來？學識和遊戲總是對立，那麼何時才能問津人類自古至今一直苦苦企盼的自身健全？」

青春的消失與學術研究之耗時費事，存在著不可免的矛盾，我彷彿站在學術與青春的十字路，眼看自己青春一再消蝕，而學術之路行進得如此緩慢。無端多出了一種慨嘆，一種不可遏止的憂傷，如潮水般襲來，或者我也可以說「我無法不老，但我還有可能年輕，我不敢對我們過於龐大的文化有什麼祝祈，卻希望自己筆下的文字，能有一種苦澀後的回味、焦灼後的會心、冥思後的放鬆、蒼老後的年輕。」

無怪乎，聖經詩篇九十篇有言「在你看來，千年如已過的昨日，又如夜間的一更。」「我們一生的年日是七十歲，若是強壯的可到八十歲，但其中所矜誇的不過是勞苦愁煩，轉眼成空，我們便如飛而去。」如果順著這條理路思考下去，就會通往聖經傳道書第一章的「傳道者說虛空的虛空，凡事都是虛空。人一切的勞碌，就是他在日光之下的勞碌，有甚麼益處呢？一代過去，一代又來，地卻永遠長存。」

是的，身爲文化人，學術人，必須參透虛空的道理，才能開始過眞實無僞、實實在在的生活。有一個提醒，常在我這幾天冥想時於腦海裡響起。——眞實的生活，就是在每一天的生活中，確實盡心盡力的努力過，即可無愧於心。——或許，這樣的領悟，也不過是片面的眞理而已，然而得到這領悟背後的理由是眞實無妄，也可能是許多人都有此經歷，那就是：

在我三十三歲生日這一年，我回顧過去十年，甚至二十年的生活，思想我那時在意者爲何？當日追求之物爲何？求到了之後如何？求不到的又如何？我恍然發現，十年前我所在意且深感痛苦之事，而今看來，根本算不得什麼；二十年前，我所深感不解之事，而今全都瞭然在目。歲月使人蒼老，也使人心智成熟，而今，我知道——過去以爲苦之事，若干年後，可能覺得那是小事一樁，現在以爲是苦的事，在若干年以後，是否也算不得什麼了呢？——在此歲月的洪流中，個人的生死存亡、悲喜哀樂，通達禍福又何足掛齒？

在受傖的婚姻生活中，不敢也是不願回顧，但，還是必需回顧，即使那不堪回首的血淚斑斑，卻也盡都是成長的足跡。猶有可喜之處，是在我初投稿「空大專版」時，每次期待自己的文章見報，最希望看的，並不是自己的名字，最希望看的是——編輯幫我改動了哪幾個字？他爲何要那樣改？那樣改有何道理？領會出那道理之後，我在修正中改進自己，發現「投稿也是一種學習」而且是最有效的作文學習，只是後來，編輯改動的字句愈來愈少，又後來幾乎都一字不改。這樣的學習，可以說是在我人生的學術苦旅中，初步的甘甜與鼓勵，這也是我常鼓勵空大人，要願意勤奮向學，常向專版投稿的道理。及後我也不斷向校外刊物進軍，雖非攻無不克，刊登比例愈來愈高，且於數年前就有專程來邀稿之電話，這莫不是我在此園地磨練之所賜，而今我為了能多空出時間研讀我想發展之專業科目，減少寫作量，但對專版仍保持一定的投稿數量，就是感念專版這十幾年來陪伴我一路行來的起初之愛。向專版投稿是我精神自由思考的出路之一。

八十六年八月十六日臺灣新生報

「隱惡揚善」勤發問

看到這樣的題目，也許大家會奇怪，這「隱惡揚善」跟發問有什麼關係？

長久以來，我一直有個疑問，爲何有些（其實是大多數）學生，總是不愛、不敢、甚或不知如何在課堂上發問？近日讀中庸第六章，才明白最主要的癥結所在。

《中庸》第六章——子曰：「舜其大知也與！舜好問而好察邇言，隱惡而揚善，執其兩端，用其中於民，其斯以爲舜乎！」

這段話一般的語譯是——孔子說：「舜眞是個大智的人啊！他喜歡問，而又喜歡省察淺近的話；隱藏別人的惡處，同時宣揚別人的好處；抓住衆論所不同的過與不及的兩端，然後擇取合於中道的施之於民，這就是舜之所以爲舜的緣故吧！」

基本上這樣的語譯是沒有錯的，關於「隱惡揚善」這句，就原文而言，還可以更加確切的闡述：就是針對人們的好問而言「如果他人所提的意見是不成熟的、不妥善的，就替那人將此不善不妥之意見隱藏起來；如果他人提的意見很有價值，就公開出來不占爲己有。」目前大家約定俗成對「隱惡揚善」是著重在「行爲」上，應該是一種斷章取義的用法，不是原典原來的意思了。

讀書求學問就是要學會問問題，如果被問的人不能做到「隱惡揚善」，那麼想發問的人爲了怕被譏笑，或礙於「面子」，就更不願發問了。所以像舜這樣，連淺近的言論也不放過，對平淺的道理也去察明探討，不以所知自滿隨時請教他人，這當然是「大智」；而且有高尚的道德情操，至少讓那位提出平淺之意見者或被問者，感到自己受到應有的尊重。

飽學多聞的梁啓超主張求學也要有趣味性，說：「人心常生活於趣味中，生活方有價值。」求學、研究學問，一般而言被認定是一種煩苦，但如果能養成勤於發問，懂得如何發問，那麼在發問及求解當中，就會產生金錢也買不到的趣味。

發問在技巧上，我略分爲三個階段：

㈠自我求解：對自己感到疑惑的問題，從手邊的資料、書報、工具書，甚至電腦網路中找相關的資訊。

㈡同儕討論：找幾個程度與你相當的同學或朋友，詢問他們對此一問題的看法，加以分析整理。

㈢訴諸權威：請教該問題相關的專家學者，通常是老師或該方面公認的傑出人士。

以上三個階段往往是循環的，因爲即使是老師，有時也會因爲學生問到一些意想不到的問題，而必須仔細思考或參考有關資料才能回答，就成了名副其實的教學相長。

我是個喜歡發問的人，我感到最有趣味的事，就是與師友討論問題，當我聆聽他人的意見時，有時是略有同感，有時是：「耶？我怎麼沒有想到那方面去？」每當一個困難的問題，經過大家討論，而逐漸理出個頭緒時，那種欣悅之情，恐怕只有親身參與討論的人，能體會吧！不管如何，即使是略帶「刀光劍影」的激辯，也能對思考有所啓發。空大目前不知有無辯論社？如果沒有的話，是不是該成立一個？

八十六年五月二日臺灣新生報

獨立思考

時常聽到某些受邀對衆人演講的學者專家，強調「獨立思考」的重要；在我參加過的許多寫作課程，也常有人強調，身爲寫作者，必須要能夠獨立思考；進大學受教育，培養獨立思考的能力，被認爲是最基本最重要的。

曾經思索過，何謂「獨立思考」？如何學習獨立思考呢？好久好久對這個問題探討，而無所得，也沒有人可以給我滿意的答案。正當我將這個問題「冷凍」起來，暫且不去想它，不受它干擾時的某一天，B教授在課堂上給我一個清楚而合理的解釋：

所謂獨立思考，就是有所憑藉，不受偶像及權威的「錯誤」引導。

當然，針對上述對獨立思考做的論釋，我們也可以不贊同，而另做其他你自己認爲比較恰當的解釋，（雖然這個解釋已經很恰當了），如此才合乎獨立思考的精神。

用淺白的話來說，獨立思考就是不要人云亦云，要有自己的見解，而這個見解需有所根據，不是憑空而來的。如此才能有說服力，有說服力也才能使人相信，從而產生影響力。（多半是影響那些已有類似見解的人。）

事實上，如果從絕對的角度，即不受任何人、環境影響之思考來說，獨立思考是不可能的。尤其那些缺乏思考力的人，往往受制於強烈之意識型態，而容易受搧動，失去自主性。

要掌握自主性，使獨立思考成為可能的第一個步驟，就是要能從學習中了解，你根據什麼標準來思考判斷，你必需有足夠的學識及經驗，來自己定這樣的標準，就我個人而言，在空大的學習，提供了一部分，足以培養我獨力思考能力之訓練，一點一滴的使薄弱的學識與經驗得以日益充實。

B教授又引王安石的話來說明獨立思考的義涵，王安石說：「天命不足畏，人言不足恤，祖宗不足法。」

宋朝的王安石變法是有名的，當然其成效如何另當別論囉！光看這幾句話，極具顛覆性，很有改革精神。誠然我們不一定要像王安石這麼激烈的獨力思考法子，可是想想，如果自己老是被人牽著鼻子走，那還能算是個有思想的「人」嗎？

學識與經驗是幫助我們能夠獨立思考的重要憑藉，但卻也同時是妨礙我們獨立思考的絆腳石。舉例來說，我曾經長期去聽一位很有學問的教授上課，他是虔誠的佛教徒，所以上課時，不管講的是何理論，他總會聯想到，對這個問題，佛教的看法如何，順便介紹出來然後說佛教的說法比較「究竟」。在我看來，他是戴了一副佛教思想的眼鏡，來看這世界的萬事萬物。至於我呢，因為家中世代信基督教，所以也無形中，戴了一副基督教思想的眼鏡，來看這世界。當我讀愈多書，發現常常會受那些書的影響與牽制。

追求學問到一個地步，就必須學著從那些學問中跳出來，才能眞正好好地思考。準此，我很欣賞陸象山的一句話：「某雖不識一字，亦須堂堂正正做人」。

陸象山這句話您以爲如何？

八十六年一月三十日臺灣新生報

反擊書蟲有絕招

現在如果有人問我，世界上最可怕的東西爲何？我會毫不思索的回答是蟲，尤其是白蟻。

雖然現在是電腦時代了，但很多資料，甚至於談電腦的資料，仍舊以書的形式來保存。所以讀書人免不了要爲收藏的書而傷透腦筋。而這些書，如果沒有妥善的管理，遲早都變成白蟻的排洩物，這更是讀書人的一大苦惱。

最近，我因爲要找一些資料，而翻動一些比較少看的書，結果又發現一大堆白蟻，萬頭鑽動噁心至極。許多珍貴資料，都被牠們蠶食鯨吞了，其中包括一些空大教科書。

可恨，白蟻是最可恨的，牠在飽吃大餐時，一點也不顧念，牠咬的是人們的結婚照，或絕無僅有的孤本絕版書。

狡猾，白蟻是最狡猾的。牠在書裡內咬得天翻地覆面目全非，外頭還是維持表面平靜無事；等到你驚覺它在咬而移動書籍時，多半是大勢已去。

防不勝防，白蟻它無所不在，你只要有藏書，有木製家具，就永遠擺脫不了它的無情攻擊。每次翻到一大坑被白蟻咬的殘書，我就有種「完全被打敗」了的感覺。而且每次受害，每次就痛定思痛，一定要找到防治的方法。

防治白蟻的第一個步驟，就是了解它的習性，所謂「知己知彼百戰百勝」。爲了與這「敵人」作戰，我買了一本《洛氏昆蟲學》，先從了解它的習性開始。根據書上記載：

白蟻屬於「等翅目」，具有群居性，分三種階段—不孕性之職蟻、不孕性之兵蟻、及有性之生殖蟻。所以要除掉它們，在一群白蟻中，一定要把那隻有翅的生殖蟻殲滅，才能減少其生殖速度。

臺灣地處亞熱帶，氣候濕熱，最易造成蟲害。白蟻每年對建築物及有藏書的家庭、圖書館造成重大損失。它們爲了找尋所需之纖維素，只要有白蟻侵入基層之木造部，可能由此擴展，經木質部而達房屋的任何部份。牠們在行進中，能經過石造、水泥或金屬之材質，在非木質之地區，利用其排洩物、泥土、及經咬嚼之木質等，由此與土壤取得聯絡，並由土壤中吸取必需之濕氣。書籍、木質家具及建材，如與木質接觸而久不移動，則可能受其侵襲。

史料記載，美國伊里諾州歐巴拉城（Urbana, Illinois）有一混凝土建築之高等學校，其中一教師正倚靠於書桌的一角。俄然發出木料相軋之聲，書桌竟完全倒坍而粉碎於地面。數千白蟻自書桌殘骸湧出，彼等已將木材內部蛀蝕一空，但僅將每一木板較柔軟之內部纖維挖食，而絕不破壞木材之表面。

白蟻如何達到這書桌呢？眞不可思議，經研究，終於發現混凝土之屋，其內埋置有木質支條，而白蟻早已侵入此木條之內，此木條由地面導至一槲木之地板，書桌則穩置於槲木地板之上。白蟻沿此雖不能瞥見但堪稱直捷之路線，向前直入，直到書桌全被蝕毀，並因偶爾之壓力使其破壞，始得被人發現，但發現時桌子已經無法挽救，只能報廢了。

讀書人要防治這些蟻類，除了常常檢查搬動藏書之外，就是要保持藏書處之通風及乾燥。有空時也不妨曬曬書，不然把書借給同學，或半價賣給學弟妹，也比餵白蟻增加懊惱強多了。

八十六年五月二十九日臺灣新生報

我是歸人

那天我拿著空大的學位證書去影印，準備去應徵「基督教論壇報」做記者，報社要求我拿學歷證件，以便他們可以用大學畢業的資格算薪水，這是我取得大學文憑以來，第一次眞正讓它發揮「威力」。

在與社長面談之前，有一個星期的時間，我與「中國舞台劇協會」理事長張英、曾仲影導演、陳義導演、辛奇導演、李泉溪導演……及一些台語演員共十六人，到福建省的廈門、彰州、泉州一帶，參觀訪問當地劇校，觀賞傳統戲劇演出，一路由廈門的劇作家楊路冰、曾學文兩位大哥作陪，在泉州時，意外的結識詩人兼劇作家陳瑞統先生。

這次旅程中，每到一個地方，就有各地戲劇家協會的人接待，遞上茶水點心，招待用餐；其中彰州藝術學校的學生，甚至用傳統的鑼鼓隊來歡迎我們，受歡迎的感覺眞好。在我們人生的旅程中，其實也是，我們每到一個地方，就有人接待、歡迎我們。當然，短暫的停留，一般而言，不會有任何不愉快；如果長久的相處下來，個性習氣使然，人與人之間就比較容易有不同意見產生。

無怪乎，當我拿一些我發表過的作品給社長看，想證明我的能力時。他看也不看說，他一點也不懷疑我的寫作能力；他接下來的談話，都是要確定，我是否同時具有與人相處的能力，才錄取我；他並且強調：成功的記者除了要有才華，人際關係良好，也很重要，甚至可能比才學更重要。否則，空有才學，人際關係不好，他人不願接受你的訪問，豈非徒然？

空大是我們培養良好人際關係的好地方，我在這裡成長茁壯，也在這裡認識許多愛護我的師友，當然也可能在這裡頭，得罪某些人（希望沒有）。空大是我人生的一站，我不想要有過客的心態，然而想起鄭愁予的詩句「我達達的馬蹄是美麗的錯誤，我不是歸人，是個過客……」內心有說不出的悵惘。

有了新的且合乎志向的工作，我很感謝空大對我的栽培。自畢業這三年來，我積極想在國學上更上層樓，不是虛榮心貪慕學術光環，是眞心渴慕中華文化之優美豐富。無奈環境逼迫，每當我要往學術殿堂進攻，家中就有人生病。這期間我也陪著單親的二姊，照顧罹患血癌的長子建德，我不能做一個只要學問，罔顧親情的人。

直到今年九月，建德蒙主恩召，看著他十五歲不到的年紀，就結束人生的旅程，躺在冰涼的棺木裡；我假設如果躺在那裡的人是我，又會是何光景？啊！我說過，我絕不向環境投降，即使明天我就要告別世間，今天我仍要把握任何可以受教的機會，當然選擇就業也是另一種學習方式。只是我更深切的期盼，母校能盡快開設人文學系的研究所，方便所有有學術進取心，又必須兼顧工作之衆學子。如此，當我回到空大，我可以高興的說：「我達達的馬蹄，是美麗的開始」，我是歸人，我不是過客。

八十六年十一月二十九日新生報

克服禱告的瓶頸

有一次，我在主日學服事時，目睹一個小女生，當她看到一位中年男子時，就很高興的跑過去，抱著他，跟他說話……顯得很熱情。正覺得奇怪時，才從側面得知，哦！那位中年男子是她的爸爸呀！兒女親近父親是極自然的事，所以，當我眞正認識到父神的慈悲公義，我巴不得時時刻刻來到祂跟前與祂親近。除了崇拜聚會，晨更是親近神的最好方式之一。

以前我未曾眞正被主得著，知道有晨更這樣的活動，也去參加幾次，但是總覺得很辛苦、很累，超出我所能負擔的。很辛苦的原因，是我一早就必須到教會，不知所爲何來？很累是由於晨更是採跪或坐在地板的方式，使我的腳痠痲不已。另外，晨更時要輪流禱告，當衆禱告對於一向個別禱告的我，很不習慣，且很怕說了不合宜的禱告詞被人取笑。

喜歡禱告

後來因爲經歷神的信實與大能，我渴望親近神。想到晨更時，有許多熱心愛主的屬靈長者提攜，所以今年暑假，我又積極地參加晨更。令我感到高興的是，以往感到的辛苦、疲累、負擔不起的現象，現在都沒有了。代之而來的是喜樂，更有精神，更喜歡禱告了。

爲什麼會有這樣的變化？最重要的是，我在參加晨更時，能夠定睛在主的身上，專心禱告。以我所害怕的當眾禱告來說，以前是因爲我的心思沒有專注在「主」的身上，而注意「人」的反應，擔心禱告出來的話語，不合乎「人」的美善標準，而忽略了自己是在對父神說話。

看「人」，當然會有很多顧忌，現在定睛在父神身上，自然能把心中的話，如平常一樣說出，不再在意「人」對我禱告詞的反應。

克服跪、坐的問題

另一個要克服的是，跪、坐在地板上的問題。老實說，我實在不喜歡跪或坐在地板上。也許是內心的驕傲與潔癖使然，我總覺得那樣的姿勢有點「髒」。其實是我對「低賤」的嫌惡感，我認爲從來沒有一位尊貴的人是蹲或跪坐在地上的。然而，當我看到使徒行傳十章28節「……猶太人和別國的人親近來往本是不合例的，但上帝已經指示我，無論什麼人都不可看作俗而不潔的。」的確，合乎神旨意的無論什麼樣的「動作」，都不可看作俗而不潔的。

路加福音八章47節談到，患血漏的婦人，偷摸耶穌的衣裳繸子得醫治後，「……就戰戰兢兢地來俯伏耶穌腳前……」我在晨更時，也如這婦人一般，來俯伏在神腳前。然而，技術上的困難仍存在，就是腳痠麻的問題，於是我在暑假之前，有段時間，天天在家裏，練習打坐，每天坐三十分鐘以上，等到練習到習慣成自然了，才又回到教會晨更。

「忽然」又出現在教會晨更會場時，很多來參加的弟兄姊妹都「嚇一跳」，感謝主。他們以為我「忽然」來了，其實我準備很久了。現在除非有特別事件，我願意天天參加晨更，以前種種的不適症都離我遠去，因為我知道我來親近神，乃是從祂領受力量，是得到不是給予。從親近神我知道「我們軟弱有聖靈幫助」父神，我願時時親近你！

八十六年十月基督教論壇報一六四五期

走到教會的路

每一次走在到教會去的路，尤其是到接近市民大道，要經過一家餐廳那條小弄，眞是好油、好髒，到處都是碎瓦石子，一不小心就會踩到狗屎。

最近，到教會的那一條小路，貼了一張告示寫著：「本巷弄有歹徒強搶婦女皮包，行走請當心，婦女請結伴而行，小心防範……」

許多基督徒，除了是熱切愛主靈性健全的之外，走在去教會的路上，不管是有形無形的險阻，似乎總是險象環生，稍一軟弱，就容易停止聚會，與教會的肢體疏遠，與神的關係失去原有的親密，就給魔鬼留下可趁之機。

梁敏夫先生在《馬偕博士在臺灣》一書的序說：「今天教會在臺灣各處林立，仍有人藉故路遠、路不好走不做禮拜，這和馬偕博士當時在生番中長途跋涉、開荒設立教會的精神比較，眞是不可同日而語。」

心理距離

人有各式各樣的理由不去教會，許多根本是不成爲理由的所謂理由。我童年住在鄉下，附近四、五個村落集合成一家教會。從我家到教會，須要騎二十分鐘的腳踏車，才能抵達。我有一位特別愛漂亮的姊姊，就常常因爲沒有她心目中的漂亮衣服穿，而不去教會。有一位鄰人的媽媽，因爲與另一位媽媽有過節，因爲另一位常去教會，她就不去。

其實不想去教會的人，就有千百種理由不去，他們行走在到教會去的路，是心理距離大於物理距離。而有心要去的人，再遠的路，都不覺得遠。就像我已故的老祖母，廿幾年前，她已七、八十高齡，每逢主日就安步當車，一個人慢慢的走到教會，大概要走一個鐘頭左右。除非有人主動要載她，她從不麻煩別人，而且都算好時間，每個禮拜準時到教會敬拜神。到她年歲已足蒙主恩召時，她是歡喜快樂的回到天家的，因爲該走的路她已走過。

屬靈空氣

現在做什麼事都方便了，我童年聚會的東後寮基督長老教會購有福音車，每個主日定時定點接送這些不會騎車的、偏遠地區的婦女、小孩，使得大家可方便的去教會敬拜神、聽神的話。

在臺灣的屬靈空氣很不好，一位來自韓國的女同工金姊妹對我說：「臺灣到處都是神壇，有的商店裏面擺了神位、佛具，我以爲是賣佛具的，結果不是；就算一般人家裏，也大都設有神位。走在路上就會聞到燒香的味道，聞得我幾乎要頭暈了。」

的確，從一位外國人的眼中來看臺灣，許多我們本地基督徒習焉不察的現象，在他們眼中特別鮮明。

同胞需要福音

有許多蒙召的宣教士，都志願到外國去傳教。然而我覺得，最需要福音的是我們本島的同胞啊！我們不能再睜眼看自己的同胞沉淪於偶像崇拜及邪惡勢力的轄制呀！

從我家到教會的路，大概五百公尺就必須經過兩家神壇，如果以教會爲中心，方圓一千公尺以內的大小廟宇神壇竟有六家之多。每次到教會，經過這些神壇，看到那些迷失的羊，與我們同血統的同胞，心中就有無以名狀的悲愴。儘管行走天路是如何的艱難，世界如何混亂，我們相信「你必將生命的道路指示我。在你面前有滿足的喜樂；在你右手中有永遠的福樂。」（詩篇十六篇11節）

父神，願你恩待我們的同胞，讓他們走出迷惑，有機會認識你。

八十六年六月基督教論壇報一六三〇期

怎樣發福音單張？

發福音宣傳單張，是許多愛主的弟兄姊妹常會參與的服事，也是常用的宣教方式之一。昨日教會福音部的王姊妹打電話，要我幫忙到聯考考場發單張給考生及家長。

接到這樣的電話，首先我很高興，心想又有機會爲主做工，宣揚福音了。可是我一次也沒有發過，心裡實在有點惶恐，雖然跟王姊妹一口答應下來，心裡畢竟有點害怕，我的臉皮本來就很薄，怎麼辦？

能力與權柄

回想早上晨更，牧師帶大家唸的經文，是路加福音第九章，其中1到3節說：「耶穌叫齊了十二個門徒，給他們能力權柄，制服一切的鬼，醫治各樣的病。又差遣他們去宣傳神國的道，醫治病人。對他們說，行路的時候，不要帶枴杖，和口袋，不要帶食物和銀子，也不要帶兩件褂子。」

枴杖是爲防身，口袋儲存財物，而銀子和第二件衣服這些東西，就算是對生活簡樸的修道者、苦行僧，也都是不可或缺的必需品，然而耶穌卻叫他們不要帶，因爲作工得工價是應該的，必然有人接待他們。而門徒奉差遣出去時，面對的不僅是「人」而已，甚至常常是「病人」、「被鬼附的人」，所以耶穌賜給他們能力權柄，能夠制服一切鬼，醫治各樣的疾病。

所以凡是做主工的，主必然賜下祂的能力與權柄，讓我們可以憑信心勝任愉快。有了這層認識，我的心就比較安定，不再浮躁，而能夠相信，在神沒有難成的事。

分發的技巧

對於發單張，我本來以爲只要把單張拿在手上，經過的人自然會拿囉！可是事實卻恰恰相反。我像個木頭人一樣站著就站著，路過的人「自然」就不拿，而且發現我站在那兒，就改道而行。於是王姊妹知道我沒有經驗，雖然那天去發的人規定要分散，她仍特別過來看我發的情形，提醒我要走動走動。

於是我就走動，另找一個人較多的狹窄通道，效果好多了。我發現發單張也是要有技巧：

一、**要注視對方**。要以熱誠的雙眼看對方，並向對方點頭致意。這樣行人才知道有傳單要給他，而且「人是有禮貌的動物」，一旦你向他點頭，並看著他，他就會不好意思不拿。當然，有的人眞的不想拿，那他也會向你擺手示意。

二、**要說祝福的話**。因爲人都希望被祝福趨吉避兇，要向對方說：「上帝賜福你。」很多人聽到這句話，高興地接過傳單，說謝謝！

三、不要預設立場。看到那種看起來不太順眼，或臉色緊綳的人，也要用誠意去接觸他們。常常一個面無表情，甚至看起來有點像兇神惡煞般的人走過來，當我向他問好，並說「上帝賜福你」時，往往會使他的臭臉瓦解，改以笑臉對我。記得有一位手拿佛珠口唸佛號的媽媽，當我發單張給她時，我以爲她會反感或唾棄我，沒想到她卻對我頂恭敬地接下傳單。

四、為拿到單張的人禱告。經上告訴我們「不是倚靠勢力，不是倚靠才能，乃是要靠耶和華的靈方能成事。」所以，應該將這些人的靈魂得救交託給神，求神憐憫他們，讓他們藉福音單張認識神。

五、慎選發單張的地點。地點以交通必經之處爲宜。那天我在王姊妹的勸告之下，換了一個人比較多的地點，效果就好多了。另外，我兒姜杰（就讀國小三年級）已放暑假，我帶他同往，想讓他見習見習。不料他膽子很小，一張也沒有發出去，卻一直吵鬧。於是我又走動走動，換到一處有養魚的噴水池旁，行人不少。而他看到池中的金魚就不吵了，我又可以專心工作。

因爲不斷改進發單張的技巧，所以這一次發單張可以說蠻順利的。一百五十份左右的單張，一小時左右就發完了，比我想像中還要快。

八十六年八月基督教論壇報一六三九期

拾書

室友常譏諷我，如果眞有前世的話，那麼我的前世肯定是個中國書生，因爲他覺得，現代即使是中文系畢業的本科班學生，也少有愛好中國古籍如我者。俗語說：一樣米飼百樣人，每個人都有自己的作風與喜愛，他要笑要罵，就隨他去吧！

拾取樓梯間的書，使得室友更加要認定我是怪人。我居住的公寓在大臺北最熱鬧的東區，住戶把公共清潔打掃包給清潔工，大家垃圾集中在二樓的大垃圾桶，每到學期結束或快過年時，垃圾桶旁邊就有成堆的書籍被棄。除了各級學校教科書，也有課外讀物故事書或練習簿之類的。

眞想不透，那些孩子們怎麼忍心把這麼好的書丟棄？本來我也可以像其他人一樣，對這些「垃圾」視若無睹，可是我就是不由自主的去翻閱，並挑選部份自己喜歡的，像國文、英文、歷史……放到房間慢慢看。人在福中不知福，有些地區物質缺乏，小孩的書印刷粗糙，只有家中富裕的才讀得起，那會像這些孩子一樣，把自己讀過加註解過又印刷精美的書任意丟棄。

小孩的行爲往往受大人影響，家長對讀書的觀念，停留在「求取功名」，拿文憑賺大錢，孩子自然痛恨書，也不明瞭讀書的目的，更無法享受其樂趣。談到古文，許多孩子受到父母不讀古文的影響。也把古文視爲「不需要」「不必」讀的。甚至認爲那些經、史、子、集的文章落伍，也有些不用功所以看不懂的家長，怕孩子讀中文系出路不好，而大力阻止子女報考中文系。

人生在世做什麼事都要講名講利，那活著還有何樂趣可言？讀書也一樣，升學主義的歪風，誤了多少有才情的學子？使得他們虛擲黃金歲月，使得他們只好把怒氣轉而發洩在無辜的書本上，丟之而後快！

我的老師沈謙教授，在送給我的一本國學專著上題：「書到用時方有用」，這是一句至理名言。那些不愛書的孩子，把書丟了，叫愛書的人拾去，才能有「用時」，否則只是堆在書架餵書蟲，就沒辦法書到用時方有用了。希望每本好書，都能找到肯用它的好主人，而不再僅僅是廢紙垃圾才好。

八十二年二月二十六日新生報

唱歌的女司機

昨晚看了「青藝」的「雙飛蝶」舞台劇散場，招了一部計程車，是位濃妝的女司機開的。L君與我坐定後，女司機問清目的地，便放起伴唱帶，用她那沙啞如破鑼的聲音，引吭高歌。

「情人，情人，你爲什麼不說話……」沒唱兩句，又換帶子……「在雨夜裡飄落下，黃的花白的花……」一邊用一隻手握方向盤，另一隻手打拍子。看她唱得頗爲陶醉，我暗自慶幸，人走運時就是這樣而已——坐在貴賓席看了一場免費的戲，上了車還有人免費唱歌，雖然歌聲不是很優美，帶來歡樂氣氛卻是眞的。如女司機說的，唱唱歌開開心嘛！人生就是這樣。

平常搭計程車，多半是男司機，他們若安安靜靜開車，不發表他的「政見」，就謝天謝地了。然而多的是從總統開罵、一直罵到交通部長、市長、警察……。不搭腔還好，一搭腔，他更有說不完的「高見」等著與你分享。像這樣一位唱歌自娛娛人的女司機，倒是少見。

她見我們都不介意，就愈唱愈大聲，反倒似在發洩什麼，而不知道是否眞正快樂的在唱。

L君隨意與她聊了幾句，下車彼此告別時，他對我說——

「眞是可憐的一個女子！」

「她唱歌唱得那麼高興，你還說她可憐。」我不解。

「一個女人半夜還在開計程車，給人感覺很淒涼，妳沒聽她說，她還得開到天亮。」

是啊！她的丈夫呢？怎麼讓她開夜班，那多危險？如果上來一群喝醉酒的歹徒，她怎麼辦？如果她有丈夫，或心愛的男人，怎麼能眼睜睜看她冒這樣的險：半夜裡在大都會的街道討生活？

表面上，看她唱歌自娛，一邊工作一邊享受人生。事實上，一個開夜車的女計程車司機，她內心縱有什麼樣哀慟感傷的心事，又能訴與誰人知呢？

寄情歌唱，把所有不快之事，唱出來，就如她自己所說的，唱唱歌開開心嘛！人生就是這樣。

八十二年六月二十九日臺灣新生報

在敦化南路上

在敦化南路上

居住在台視後面七年有餘，每日行經敦化南路匆匆忙忙，趕這個趕那個。今天下午約了位朋友三點半見，搭計程車前往時，頻頻看錶。司機問我是否趕時間，我說，是。偏偏路上又是大塞車，行不得也。

三點半就要到了，司機見路況未改善，就指著窗外，說：你看，樹下草叢中有兩隻斑鳩，樹枝上還有兩隻麻雀……。順著他手指看去，眞的有兩隻斑鳩，還有一、兩隻褐色像鴿子一般大小，叫不出名字的鳥。

塞車時，計程車司機往往因爲走不了少賺錢，而煩躁不安，這位司機，卻這麼自得其樂！如果不是他「指點」，我到現在還不知道，原來繁華的敦化南路兩旁的行道樹，也有其可看性，更不知道那裡也有鳥族居住。眞不知他是怎麼發現的？

悠閒一點，那只是一種心境，卻可以提升人的生活品質，而不是天天爲生存而忙。

他說：我常常利用塞車的時間，看看風吹樹梢，看看鳥在草叢裡啄食，看看花開了沒？樹的嫩芽在微風中輕輕搖動，就好像我在少年時鄉居的果園中午睡一樣……啊，當然，這些話不能隨便對人講，人家要笑話的，年紀一大把了，還這樣……。

這是我頭一回發現塞車的好處，它培養了計程車司機的童心與詩興，讓他有時間細細觀察周圍環境生態之美。然而千萬個計程車司機，遇上塞車，無不木著一張臉，杵在那兒發呆，何以他清心若此？

「對未來我有計劃，開計程車只是暫時的。我知道自己不會永遠在這兒等塞車的。現在我早上六點半開始開，開到晚上十點，等存夠了錢，就可以去做我想做的事……。」

原來眼前有一片美好的未來，等著他去開創，難怪他看花看樹看鳥，看塞車，都是那麼怡然而不怨不煩。

超過約會時間了，路才開始暢通；我正在想，等一會兒如何向朋友解釋遲到的原因。只聽他說：「小姐，信不信？我看過這些樹上還有小松鼠呢！松鼠？……。」

不知他在這都市的道路上，還看到了些什麼？只是我開始認清，忙於生存，幾乎使我們看不到許多眼前的美景，綳緊的神經，封閉的心，如何瞭然生活與生存之分別？

蝴蝶結

周末搭公車到西門町辦事，車上很擠，當我立定在一位老姊旁邊，她的眼睛即盯著我的衣服看。

我不知道自己那裡不對勁了。最後她忽然站起身，說：

「妳這衣服那麼漂亮，蝴蝶結卻綑成一團，太可惜了，來，我示範給妳看。……像這樣，先分出一上一下，然後從下面的繞一圈，抽過來，妳看多整齊。」

我看她打的蝴蝶結，眞的比我原來的好看，但旁邊站了一些高職學生，都瞪著眼看，我覺得很糗。就一邊練習打結，一邊自找台階下，說，出門太匆忙，所以沒打好。

她眞是太不給人面子了，說，這樣的話，讓我受不了。因爲打成團跟打得很好，花同樣的時間。縱然她這樣強勢教學的作風，頗令人爭議，但我學會如何打好看的結，心裡還是感謝她。因爲她的熱心，正是使這個社會更祥和的因素之一。

她說：「我就是看不慣，那麼漂亮的衣服，繫了一個亂成一團的蝴蝶結。其實方法很簡單，有些百貨公司的服裝店的店員，也是打得亂成一團。」

教人打蝴蝶結的老姊，使我感覺到，都會的人群中，並不全然是那麼冷漠的。

八十二年十月二十六日新生報

男人戴耳環

走在都會區的路上，偶爾看到戴耳環的男人。假使我說，男人戴耳環很怪異，恐怕跟我同感的人固然有，見怪不怪的人更多了。因爲現代是多元化社會，多元嘛，什麼情況都有。

前不久在柏林影展，拿到金熊獎的影片──「囍宴」，劇中男主角的同性戀對象賽門，也是個戴耳環的男人。他不是中國人，在戲裏，爲了幫身爲中國人的男友，隱瞞他們是同性戀的關係，處處委曲求全侍候遠從臺灣來的「公公、婆婆」，頗得觀衆同情。在他準備迎接男友的父母時，第一件事，就是把耳環取下，眞是用心良苦。

其實中國男人戴耳環，並不稀奇，只是目的不同。

清朝末年的朱自清，在家原排行老三，之前的二個哥哥，均於出生不久後夭折。一向迷信的母親，擔心朱自清也長不大，自小幫他穿耳洞，掛一隻金耳環，直到上大學還不曾取下。其實他對這個掛在耳垂下的飾物很不喜歡，但爲了不忍拂逆老母一番心意，只好強忍，直到快結婚時，纔徵求母親的同意，在廟裏神明面前摘下來。

多半的女人戴耳環，是爲了美觀、以搭配服飾、化粧爲主。而男人戴耳環，則另有其他含意，但像朱自清一樣基於孝心的不多。

八十二年十一月五日活水文化雙周刊

兩個家

結過婚的女人，面臨諸多問題，最常見的是丈夫外遇變心，子女教育升學就業……等，然而最令我感到苦惱的是，我有兩個家。

一個夫家，一個娘家。

中國傳統觀念——嫁雞隨雞，嫁狗隨狗，使得我理所當然居住在夫家。不巧這兩個家距離四、五小時的車程，一在臺北最繁華的東區，一在南部嘉義縣最純樸的農村，即使高速鐵路建畢通車，也得二、三小時。

每次回娘家，母親總是從我進門就開始找理由，找所有她想得到，讓我多停留些時日的理由，一會說，廟裡要唱大戲，一會兒又說某某人結婚來了帖子，喝了喜酒再走，再不然說，田裡的西瓜、木瓜、就要成熟了，留下來吃呀……明知道不可能住到那麼久，總是跟她附和著說：好呀！

等到要走的前一兩日，她又開始心情慌亂，屋子裡裡外外轉來轉去，或許你會奇怪，她轉來轉去幹麼？她是要把她認爲小女兒需要的東西，都打包起來，惟恐我缺了什麼。她喜歡種有香味的花，而且自己繁殖。有一次，她種的一盆七里香要給我，鄰居略帶不屑的對她說：連那個也要送人！意指不值錢。

母親是因爲很喜歡那盆花，覺得它很可愛，才叫我拿的，我當然要拿。在北上的火車中，也有同車旅客不解，問我，這種七里香，到處都是，妳幹麼帶？

我說：「這盆比較特別」

「眞的嗎？」那位好奇的旅客，看過來又看過去，說：「我不覺得它那裡特別？妳能告訴我嗎？」

「不能。」

當然不能，不是我喜歡賣關子，而是說了他果眞的能了解就好，不能了解的話，豈不是要笑我們母女痴傻？

假使僅就表面上來看，從南部帶一盆既重又到處可買得到的七里香北上，是很愚蠢的。深入思考這七里香之價值，可謂大矣哉！母親農閒時，種種花，種了一大片又一大片，開得再好都只能一人獨賞。當她把繁殖好的盆栽，給了女兒之後，她又得再培育一棵新的，而且種得更起勁。因爲她知道自己還能爲女兒做點什麼，她就高興了。同時人生因而更加充實。

且不管都市之空氣污染、噪音，反正住久了總會厭煩莫名。於是到娘家住了半個月，覺得舒暢無比，母親好高興。本想繼續住下，可是這邊，外子頻頻電話催人回去，我置之不理，他就用騙的，說了一大套。更令我啼笑皆非的是，他竟然半個月沒掃過一次地，且洗不到三次澡，整個屋子又臭又亂，眞不像人住的。

有天忽然想得妙計，既要如此牽掛，何不把母親接來同住。然而母親住慣了鄉下，一到臺北就好像犯了痴呆症一樣，連上市場都擔心她找不到路回來。更嚴重的是她人在臺北，心在老家，不時叨唸著農田作物，養的雞鴨，只得早早將她送回。

在臺灣，已出嫁的女兒回娘家，被稱為「做客」，好奇怪的一個名詞！難道女人出嫁之後，就不算原來這家的人了嗎？聖經中記載：女人因為禁不起蛇的引誘，吃了善惡果，所以上帝要加重她懷孕生產的痛苦，以懲罰她，這是肉體上的痛苦。中國習俗，讓女人出嫁，離開原有的家，去適應另一個家，則是精神的折磨。或許已婚女子，終生逃不開的宿命，就是一生一世，要為這兩個家牽腸掛肚。

八十二年十二月十五日臺灣新生報

柯玉雪寫作紀要

一、得獎紀錄

一、一九八六年七月天下雜誌「樂在工作」徵文比賽，第三名。

二、一九八七年警備總部青溪文藝金環獎競賽，廣播劇本銀環獎：「家」。

三、一九八八年警備總部青溪文藝金環獎競賽，廣播劇本銅環獎：「狐狸尾巴」。

四、一九八九年二月十八日中央日報、臺灣日報、臺灣新生報、中華日報、青年日報、臺灣新聞報、國語日報、新聞晚報，八報聯合舉辦「遏止六合彩賭風」徵文，家庭主婦組優等獎。

五、一九八九年五月十二日，行政院文化建設委員會委託國立臺灣師範大學，辦理第二屆文藝創作研習班，舉辦之文學獎，舞台劇第二名：「火坑」（第一名從缺）。

六、一九九〇年十二月青溪文藝金環獎競賽，劇本類佳作：「我們都是中國人」。

七、一九九二年十月三十日國軍新文藝金像獎第二十八屆，廣播劇本佳作：「流動的活水」。

八、一九九二年十二月七日青溪文藝金環獎競賽，劇本類銅環獎：「快樂的魚」。

九、一九九三年十二月三十一日青溪文藝金環獎競賽，小說類佳作：「審馬記」。

十、一九九四年十二月三十日青溪文藝金環獎競賽，劇本類銅環獎：「關仔嶺之戀」。

十一、一九九六年三月十日臺灣省政府新聞處，「提升人文素養建立祥和社會」徵文佳作：「奉獻的愛」。

十二、一九九四年十二月三十日國軍新文藝金像獎第三十屆，小說類銅像獎：「形而上的必然」。

十三、一九九六年十一月二日，當選國立空中大學創校十週年「空大群英」。

十四。一九九七年十月二十八日，國軍新文藝金像獎第三十三屆，小說類銀像獎「調音師」。

二、出版紀錄

一、錦瑟恨史（廣播劇選集）　文史哲出版社　一九九二年六月

二、廣播論叢（論述）　文史哲出版社　一九九三年七月

三、爬蟲與人生（散文）　文史哲出版社　一九九三年七月

四、空大充電八年（散文）　健行文化出版社　一九九五年三月十日

五、靈感與毒箭（散文）　文史哲出版社　一九九八年十二月

三、寫作紀錄

廣播劇本

一九八七　助聽器的妙用　中國廣播公司　國語播出

一九九一　錦瑟恨史　漢聲電台　國語播出
一九九六　獸醫的故事　中國廣播公司　國語播出
一九九一　我愛原則我愛你　中國廣播公司　閩南語播出
一九九二　顧井的人　中國廣播公司　閩南語播出
一九九三　選美風波　中國廣播公司　閩南語播出
一九九三　頭家娘的故事　中國廣播公司　閩南語播出
一九九三　失明的爸爸　中國廣播公司　閩南語播出
一九九三　樂在工作中　中國廣播公司　閩南語播出
一九九三　彼一暝做風颱　中國廣播公司　閩南語播出
一九九四　梟貪鑽雞籠　中國廣播公司　閩南語播出
一九九四　贏得美人心　中國廣播公司　閩南語播出

電視劇本

一九八七　不愛黃金的王忳　中視「童話世界」播出
一九八八　神仙雞　三十分鐘單元劇
一九九四　馬偕博士（連續劇分集大綱）　群之雍傳播公司製作
一九九五　紅塵一孤女　九十分鐘單元劇

舞台劇本

一九八七　守住田園守住家（多幕劇）　四幕七場　兩小時

一九八九　火坑　（獨幕劇）　一幕二場　半小時

電影劇本

一九九六　異次元時空之旅　五十五場　九十分鐘

短篇小説

一九九〇　八月廿六日～廿八日　夢醒時分　臺灣立報刊出

一九九〇　十二月八日　他還記得木麻黃？　臺灣立報刊出

一九九〇　十二月十三日～十四日　做一個夢忘掉她　臺灣立報刊出

一九九一　二月五日　雙眼皮　臺灣立報刊出

一九九一　十月廿二日　汗水勝過淚水　臺灣立報刊出

一九九四　二月廿八日　審馬記（得獎作品專輯）《傳統的火花》出版

一九九五　六月四日　難道俊美也是一種錯誤？　青年日報刊出

一九九六　三月十日　奉獻的愛（得獎作品專輯）　臺灣省文藝作家協會出版

一九九七　四月　形而上的必然（得獎作品專輯）　總政戰部出版

一九九七　十二月　調音師（得獎作品）　青年日報刊出